最短で達成する
全体最適のプロジェクトマネジメント
TOC Critical Chain Project Management

ゴールドラット・コンサルティング・ディレクター
岸良裕司 著
Yuji Kishira

本書のODSC

目的 **O**bjectives	▪日本人のための実践的でわかりやすいプロジェクトマネジメントの本を書く ▪本物の内容ながら、わかりやすくカンタンに、そして実践的に書く ▪やりがい、はりあいを創る人間中心のプロジェクトマネジメントの本を書く ▪日本人の現場の素晴らしいプロジェクトマネジメントの暗黙知を形式知化する ▪読者のプロジェクトの工期短縮、利益増大、人の育成を実現する ▪3時間でわかるTOCクリティカルチェーン実践本 ▪最先端のTOCクリティカルチェーンのノウハウを日本人にわかりやすく伝える ▪ことわざ、慣用句でなるべく肌感覚のある表現で書く ▪読んでおもしろく、ときには笑ってもらう ▪楽しいイラストでときには右脳を刺激する ▪「プロジェクトマネジメントは人の経営である」ということを経営者が理解するきっかけとなる ▪これをきっかけにTOCに興味を持ってもらう ▪出版社も喜ぶ ▪日本をよくすることにちょっぴり貢献する
成果物 **D**eliverables	▪この本 ▪You Tubeのアニメーション
成功基準 **S**uccess **C**riteria	▪「なんでこんなにわかりやすいんだろう」と読者に叫んでもらう ▪読んだ読者の半分が「おもしろかった」「一緒にやってみよう」とほかの人に紹介している ▪「おかげさまで儲かりました」と感謝のメールを少なくとも100通もらう ▪読者の中から、日本TOC推進協議会のシンポジウムで「すごい成功事例」を発表してもらう ▪一流のプロジェクトマネジメントの学者の方から絶賛してもらう ▪定番商品として、書店の棚に常に置かれるようになる

はじめに

～よりシンプルに、よりわかりやすく、より実践的に～

２００５年に出版した『ＣＤ－ＲＯＭ付　目標を突破する実践プロジェクトマネジメント』は、プロジェクトマネジメントの専門書としては、異例のベストセラーとなった。著者の想像を超えて、さまざまな産業界、行政などで、まさに「目標を突破する」目覚ましい成果をご報告いただき、本当に感謝している。今では、この理論の生みの親ゴールドラット博士の絶賛と推薦を受け、世界各国で出版され、国際的な評価を受けるようになったのは、出版当時には思いもよらなかったことである。

ゴールドラット博士が開発した全体最適のマネジメントサイエンスであるＴＯＣ（制約理論）は、今も急速に進化し続けている。そして、その進化は、いつも、よりシンプルに、よりわかりやすく、より実践的に、という方向なのがすばらしい。そしてその進化に合わせて、内容を改訂していく必要が出てきた。

そこで本書では、大幅な加筆・改訂により、複数のプロジェクトが存在するマルチ

プロジェクトを前提とした内容に刷新した。実際、プロジェクトの現場はマルチプロジェクトのほうが現実。その現実の中でプロジェクトをいかに成功に導くか、その実践的な知識体系を余すところなく取り入れた。プロジェクトマネジメントをまったく知らない人でも、また、プロジェクトマネジメントやマネジメント専門の方々でも楽しんでいただけるように、また、前書を購入した人には、本書で、ここ数年間の知識体系の進化を楽しんでいただければと願っている。

ゴールドラット博士本人が率いるゴールドラットグループは、TOCの知識体系の世界の総本山であり、最新の知識を世界中の人々にパブリックドメインとして共有していくことも我々の役割である。

「知ること」と「やれること」の違いの大きさを見くびってはならない。ゴールドラット博士は警鐘を鳴らす。

「知ること」よりも、「やれること」のほうが難易度が高いのは当然のことである。それは、自分だけでなく、多くの関係者が絡んでくる現実があるからである。こういった現実に、シンプルかつパワフルで実践的な解決策を提供しているのが、「戦略と戦術のツリー」(S&T Tree)という新しい知識体系である。プロジェクト型の組織全体や客先、協力業者も含めて、いかに継続的改善の文化を植えつつ、繁栄し続ける組織に変革していくかというテンプレートが開発されており、その中に書かれている数々の知識体系をわかりやすく、この本には盛り込んでいる。

気がついてみると、ゴールドラット博士とともに世界を飛び回り、あらゆる産業界や行政、民間企業でマネジメント改革のお手伝いをし、国際的な評価をいただくまでになったが、これはすべて、すぐれた日本の現場の方々からの学びのおかげであると感謝する次第である。

博士によると、世界の中で、もっとも普及のスピードが早く、数多くの目覚ましい成功事例をあげ、そして理論そのものを進化させているのが、日本であるとのこと。それほどまでに、日本の感性にしっくりくるこの本で紹介するクリティカルチェーンプロジェクトマネジメント（ＣＣＰＭ）。実践されている方々のほとんどが実感することだが、やればやるほど「和」という日本的な価値観の大切さを思い起こさせてくれる。そして、複雑で、不確実で、より多くの関係者が絡み合う現代のプロジェクトにおいてこそ、「和」の力がより重要であることを実感する。

この本を通して、一人でも多くの方々がＣＣＰＭをやれるようになることで、目覚ましい成果を出すとともに、「和」を組織に、そして社会に広げていくことを願ってやまない。

２０１１年２月

岸良裕司

みんなが夢中！ソフトウェアすごろく

日本の伝統的ゲーム「すごろく」。国内外でさまざまなソフトウェア開発の現場の方々とお話しする機会が最近大変多くなってきたが、いろいろお話を聞いているうちになんとなく頭の中でできあがったのが、冒頭でご紹介した「ソフトウェアすごろく」である。

もちろん、こんな現場ばかりのはずはない。私の行くところはたいてい問題があるところ。それも、どちらかというと、問題が大変深刻な状況、つまり修羅場になってから、私のところに話がくる。だからこの「ソフトウェアすごろく」は、ソフトウェア開発のほんのわずかな最悪の状況を表したものにすぎないと考えるのがよいだろう。

納得できないあやふやな仕様、厳しい予算、ムチャな納期、果てしなく続く仕様変更、突然の予期せぬ問題、増え続ける報告書と会議、思いがけない要求の変化、次々と立ち上げられる経営改善活動による煩雑な作業、プロジェクトの大詰めの修羅場の中での、どんでん返し、それにも負けずにやっとのことでプロジェ

❶エドワード・ヨードン氏の『デスマーチ』（日経BP社）の中で、「なぜプロジェクトマネジメントの主流にならないのか不思議なほどの目覚ましい成功を収めた」（190ページ）と紹介されているのが、この本で紹介するクリティカルチェーンプロジェクトマネジメント (Critical Chain Project Management: CCPM) である。

❷この「ソフトウェアすごろく」を見せると、ソフトウェア産業だけでなく、あらゆる産業の方々の共感を呼んでしまうのには驚かされてしまう。もしも、これがプロジェクト産業界に蔓延しているとしたら、ゾっとするのは私だけだろうか?

クトが完了、と思ったら、次に待っているプロジェクトで同じことが繰り返される……。

出口のないトンネルというたとえがあるが、どうも、それに見えないでもない。しかし、こうやって見ると、「デスマーチ」という言葉が、なぜこのソフトウェア産業で頻繁に使われるか妙に納得させられてしまうのは私だけだろうか……？

●ゴールを目指せ！

Contents

Contents

Part 1 プロジェクトは人が行なうもの――人のサガ

Part 2

マルチタスクをなくせ！――選択と集中

Contents

Part 3 目標を共有せよ！——目標すり合わせ

Part 4 成功へのシナリオをつくる！――段取り八分

Part 5 期間短縮！――サバ取り

Contents

Part 6

全体最適の先手管理！——ゆとりのマネジメント

Contents

※本文の中で紹介しているインターネットの情報は、予告なく変更することがあります

デザイン・DTP／ムーブ
イラスト／きしら まゆこ

この本の構成

この本は実践面での本文と、TOC の専門的な部分も
理解したい読者のための解説文との「一石二鳥」を狙った構成となっている。

本文部分

ゴールドラット博士をはじめ国内外の方々に本文よりもおもしろいとご好評をいただいた名物の「脚注」。暴走気味なのは著者のキャラクターなので、笑ってお許し願えれば幸いである。

クリティカルチェーンプロジェクトマネジメントを理解し、実践するための本文。

り作業をずらすしかないのである。
　図Bは、オレンジ担当とブルー担当の作業を優先順位を考えてずらしたものである。もっとも長いパスを探すと、残念ながら、期間は36日と20%もアップしてしまった。これでは競争力がなくなってしまう。たっぷりと納期を与えれば誰だって期間は守ることはできる。
　さて、この期間をどうやって短縮して、どう管理していくかがポイントである。そのためにどうするか、このもっとも長いパスに集中して期間短縮を検討していけばよい。
　この期間を決めている図Cに示すもっとも長いパスのことをクリティカルチェーン❶と呼ぶ。

Step2 サバ取り

　次は、五分五分の期間と安全余裕にタスクを分ける。たとえば10日の工程について、その担当者が出した「10日」という見積もりには、今までの過去の痛い目にあった経験❹から、約束した期間を守るための安全余裕が入っているはずだ。

　これに対して、本当に一つだけの作業に集中して終わるまで、誰も邪魔せず、しかも何もトラブルがなかったら、ギリギリでどのくらいでできるかを作業担当と詰め、できるかできないか五分五分のチャレンジ期間と安全余裕であるサバに分けていく。

　こうして議論してできた期間は127ページのような図（図E）となる。それぞれのタスクからチャレンジとサバが分かれた工程表となる。このサバをいかに活用するかが期間

図C　もっとも長いパスを探す

❶これはタスクの作業の手順の依存性だけでなく、重複するリソースの優先順位を配慮して引いた工程なので、通常のクリティカルパスとは厳密な意味では異なる。クリティカルチェーンの手法が開発されたのは約10年前であり、当時のクリティカルパスという定義は、PMBOKではリソースの重複までは配慮していなかったために、クリティカルチェーンと名づけたとのこと。詳細のエピソードは『クリティカルチェーン』（ダイヤモンド社）を読まれたし。最新のPMBOKの規定ではリソースの重複も配慮しており、同等の意味と考えてよい。ただクリティカルチェーンには、もっと人をベースとした積極的な意味があることを本書を通じて感じていただければと願っている。

❹24ページのTOC豆知識でも紹介したように、人は責任感があるからサバをよむ。でも、「サバは持っていますか？」と聞いたって、おそらく「ない」と現場は答えるだろう。では、同じ人に「責任感はありますか？」と聞いてほしい。おそらく「あります！」と答えるはずだ。プロジェクトは不確実なもの。その現実を認め、その中で納期を守ろうとするなら、サバは持っているはずと考えてよいことになる。

TOC豆知識

クリティカルチェーン

　クリティカルチェーンは、ゴールドラット博士が、数千億円規模のあるプロジェクトで相談を受けたことから始まった。物理学者である博士は、プロジェクトのもっとも顕著な特徴である高い不確実性に目をつけた。高い不確実性に対処し、確実に納期までに納入するためには、安全余裕が必要である。博士が見つけたプロジェクトマネジメントにおける根本的な誤りは、安全余裕を個々のタスクに入れて見積もるという慣行である。

　個々のタスクに安全余裕を入れることで個々の納期を守ろうというのは、一見問題がないように思われるが、そこには落とし穴がある。特にそれは、タスクの納期厳守を評価基準にしている場合に顕著となる。納期遅れの代償は大きい。それをわかっているから人は個々のタスクに安全余裕を自然に入れてしまう。ペナルティーが大きければ大きいほど、必要以上に安全余裕を入れたくなるのは人情である。しかも、個々のタスクに入れた安全余裕は、パート1で議論した人のサガによる行動によって、無駄に消費されてしまいがちになる。

　常識的に考えれば、個々のタスクを守るよりも、プロジェクト全体の納期を守るべきで、そのためには、安全余裕は個々のタスクに入れるのではなく、プロジェクト全体を守るために入れるべきという、物理学者であるゴールドラット博士らしい考察から成り立っている。考えてみれば当たり前のことであるが、それをロジカルに誰でもできるように理論として構築するのが、科学者としての彼の姿勢である。

125　Part5 期間短縮！ —— Aggressive But Possible　サバ取り

124

TOC を専門的に学びたい読者の方々のために、
TOC に関する専門的な解説。
ゴールドラット博士と一緒に活動しながら、直接学んできたTOC のシンプルでありながら、奥深い本質の部分を読者の方々にできるだけわかりやすく提供させていただこうと書いたもの。手法が生まれた背景や裏話も入れてみた。これを機会にTOC に興味を持っていただき、本格的に勉強したいと思っていただければ、うれしい限りである。

CCPM の３つの段階とパワフルな質問集

計画段階 ▶▶▶▶▶▶▶▶▶▶▶▶▶▶▶▶▶ **実行段階**

■目標のすり合わせの打ち合わせ
- 目的はなんですか？
- ほかにありませんか？
- 財務、顧客、業務プロセス、成長と育成、経営理念、社会貢献の視点は入っていますか？
- 成果物はなんですか？
- ほかにありませんか？
- この成功基準はなんですか？
- これが全部できたら最高ですか？

■段取り八分工程表作成の打ち合わせ
- その前にやることはなんですか？
- 本当にそれだけですか？
- ○○したら××できるんですね？

■サバ取り段取りの打ち合わせ
- 短くするうまい方法はないですか？
- タスクを並行にやれることはないですか？
- 段取りを見直すことで、短くすることはできませんか？
- 経営幹部から助けてもらうことで、短くする方法はありませんか？
- 本当に五分五分ですか？

■懸念解消の打ち合わせ
- 何か気がかりなことはありませんか？
- なぜそう思いますか？
- この原因を解消するうまい方法はありませんか？
- その解消策をやるメリットはなんですか？
- これらはやろうと思えばやれますか？
- これらが全部できるなら、先ほどの解消策をやる価値があると思いますか？

■進捗管理の打ち合わせ
- あと何日ですか？
- 問題があるとしたらなんですか？
- 何か助けられることはないですか？

▼▼▼

振り返り段階 ◀◀◀ **継続的プロセス改善** ◀◀

■振り返り段階の打ち合わせ
- 何を持っていましたか？
- やったことはなんですか？
- わかったことはなんですか？
- 次にやることはなんですか？

「パワフルなソリューションは、パワフルな質問から生まれる」とよくいわれるが、プロジェクトマネジメントにおいての計画段階、実行段階、振り返り段階で、それぞれ長年の経験で生み出された質問の数々を１枚にして、本のカバーの裏にまとめている。いつもCCPMの実践の現場では、この紙１枚を使って進めているが、シンプルで、やさしく、本当にパワフル。そして、やればやるほど奥が深い、練りに練られた質問の数々であることを実感する。ぜひ活用していただければと願っている。

道草コラム

本文に収まりきれない内容はコラムに掲載。著書の名物コラムでもある。

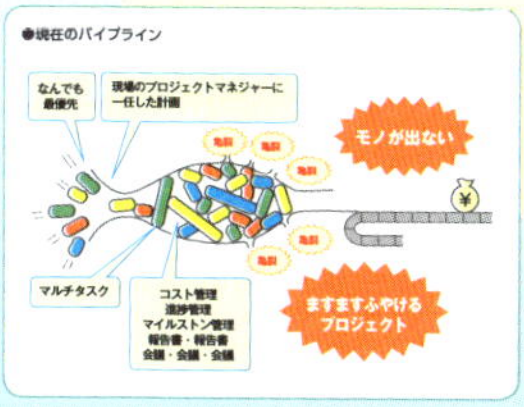

道草コラム

なぜクリティカルチェーンでは劇的に納期が短くなるのか？

今までの議論でおそらくすでにみなさんには明らかであろうが、なぜCCPMでは納期が短くなるのかをここでまとめてみたい。次の図は現在の会社の様子を表したものだ。プロジェクトをつくるパイプラインに次から次へとなんでも最優先に案件が放り込まれる。その中には、期間が長いものも、短いものもある。この中で、奮闘するのは現場のプロジェクトマネジャーである。彼らが現場を仕切り、計画を立て、進捗管理をしている。経営側は売上げを上げ、利益を上げるのに必死である。受注は多ければ多いほどよい。とにかく案件を次々と持ち込む。

その現場は多くの場合、マルチタスクで作業が行なわれている。現場は忙しく一生懸命、作業をこなすが、効率は悪い。なぜか現場はバタバタしているし、プロジェクトの途中で、仕様変更や優先順位変更はザラ。その調整に明け暮れる現場のプロジェクトマネジャー。めまぐるしく変わる状況に、心配になる経営幹部は、コスト管理、進捗管理、マイルストン管理、そして、報告書や会議で現場をますます締めつける。その中で現場はギスギスしてくる。そしてパイプラインに亀裂がいくつも起こる。

この図を見て、多くの方々はどうも肛門を想像されるのだが、決してそれは筆者の意図ではない。しかし、このパイプラインには液体が満たされていて、長い間そこで停滞すると、プロジェクトはますますふやけて、長くなる。そしていつまでたってもモノが出ない状態となる。そして、亀裂は耐えられないほど、とても痛い。

たくさんプロジェクトを入れれば入れるほど、たくさん売上げが上がるという思い違いが、現場にとんでもない混乱をもたらし、次々と同時進行のプロジェクトは増え続け、いつまでたってもモノが出ない。そして、お金が入らない。だから、会社の資金

こういうプロジェクトが糞詰まりで亀裂しかけているときに、ケツをひっぱたく上司もいるらしい。これはさらに痛いと思うのは私だけだろうか……。

213 全体最適の先手管理！ —— Buffer Management ゆとりのマネジメント

212

Part 1

プロジェクトは人が行なうもの

Human Behaviors
人のサガ

プロジェクトにおける6つの人の問題行動

1. サバよみ
2. 予算と時間をあるだけ使う
3. 一夜漬け
4. 過剰管理
5. 早く終わっても報告しない
6. マルチタスク

なぜ仕事は遅れるのか

年度が始まると、いつも「プロジェクトのスタートだ！」と意気込む。

工程表をつくった。人も配置した。予算も確保した。みんなも期待している。


でも仕事は遅れる。

「なんでだろう？」


実際のところ、プロジェクトが問題なくスムーズにいったという話はあまり聞いたことがない。以前NHKで放送していた『プロジェクトX』だって、遅れやトラブルの連続のドラマだ。むしろ、この遅れやトラブルをいかに乗り越えたかということが美しいドラマとなり感動を呼んだのだ[1]。

プロジェクトは、まるで、予期せぬ障害を乗り越えるドラマを宿命としているようだ。予期せぬ災害、予期せぬ競合他社の動き、予期せぬお客様の要求の変化、予期せぬ上司の命令[2]（これが一番痛い）……。これに対処するのがプロジェクトマネジャーの仕事のようでもある。でも、できるならトラブルを未然に防ぎ、リスクをコントロールして、納期通りにプロジェクトを完成させたい。

だが、「本当に可能なんだろうか？」。

プロジェクトとは、いってみれば、今までやったことのないことを行なうこと。やったことのない、経験したことのないことに対して人は正確に未来を予知し、リスクをコントロールできるのだろうか？　私は超能力者ではないので、それは大変むずかしいと思っている❸。

「プロジェクト」の定義

そもそもプロジェクトってなんだろうか。

多くの場合、プロジェクトとは、「不確実性が高い」という共通項を持つといわれている。

❶『プロジェクトX』を外国人に見せると、これがなぜ感動のドラマなのか、不思議に思われてしまうことに驚いてしまう。むしろ、マネジメントの無能さを指摘した番組なのかという感想を受けるほどだ。マネジメントの支援を得られなくてもがんばる現場の姿の数々。そう指摘されると、たしかにそう思えてくるから不思議だ。

❷上司の命令は、「後入れ、先出し」が求められる。これに加えて、関係者の大きな声が加わると、現場は何を優先すればよいのかワケがわからなくなる。でも、これが世の中の現実。この現実に対して、無理なく、自然で、実践的な解決法を提供するのがクリティカルチェーンなのだ。

❸リスクへのカンペキな対処を求められても、現場は困る。だから、現場は今まで通り仕事をする。そして、問題が起こる。問題が起こるたびに上司から、「なぜ前もって予測できなかったんだっ！」と後出しジャンケンの結果論で責められる。これが悲しい現実。

- まったく同じものは二度とない
- 自然や天候、そして外部環境に大きく左右される
- 人の資質に大きく依存している
- 専門性の高い作業の分業である

「プロジェクト」という単語を広辞苑で調べると、「企画。設計。研究計画。開発事業」[4]と書いてある。どれも繰り返し性の少ない業務ばかりだ。

「不確実性にいかに対処して当初の狙い通りの結果を出すか」というのがプロジェクトマネジャーの腕の見せどころである。

ここで試しに、あなたが今携わっている仕事が「プロジェクト型」かどうかをチェックしてみよう。

チェックリスト

- □熟練者の不足に悩まされている
- □リソースが不十分なことに悩まされている
- □頻繁な予定変更に悩まされている
- □協力業者の品質問題、納期遅れに悩まされている
- □時間が不十分なことに悩まされている

□作業内容の変更に悩まされている
□過剰な修正作業に悩まされている
□予算超過に悩まされている

どうだろうか？　これらのことにもし思い当たるフシがあったら、あなたは間違いなくプロジェクト型の業務に従事していると考えてよい。そして、そんなあなたであれば、次の3つの問題に直面して日々戦っているのではないだろうか？

▼**スケジュールの問題**

計画より必ず長くかかる。または突貫で対応せざるを得なくなる。

▼**コストの問題**

計画より必ず高くつく。

▼**内容**

スケジュールとコストの関係で、計画の一部をカットせざるを得なくなる❺。

❹プロジェクトマネジメントの知識体系をまとめたPMBOKには、「プロジェクトとは、独自のプロダクト、サービス、所産を創造するために実施される有期性の業務である」とある。

❺日本の建設業の多くの現場では、予定変更、設計変更などで工事が大きくなっても神業のようなプロジェクトマネジメントで、なんとかもとの工期を守っている。ものすごいことだ。このメカニズムについて暗黙知を形式知化するのも本書の目的の一つである。

プロジェクトにまつわる人のサガ

タスクの中身の分析

プロジェクトマネジメントでは、さまざまな手法が議論されているが、一つだけ取り残されがちな議論がある。

それは、**「タスクを行なうのは人間である」**ということである。

プロジェクトの工程表のタスクをよく見てみてほしい。それを行なうのは、「人」ではないだろうか？　ここで、プロジェクトにまつわる「人」がどういうサガを持っているのか、考えてみたい。

6つの人の問題行動

私は、プロジェクトを進めるにあたり、できればゆとりを持って仕事をしたいし、相手の信頼も裏切りたくない。一方で、しっかりと管理をして着実に成果を出したいといつも願っている。そんな人間がどういう行動をするか、次に考察してみたい。

思い当たりませんか？　その1

▼サバよみ

TOC豆知識

タスクを行なうのは人間である

本書で紹介するＣＣＰＭは、人の行動をベースに開発されたプロジェクトマネジメント理論である。人を中心にした現実を前提にした理論だからこそ、目覚ましい成果が出るのだが、この理論を開発した本人、ゴールドラット博士は、日本から報告される数々の事例に触れて、「自分自身の理論に対する理解がどれだけ限られたものだったかを悟った」（『ザ・チョイス』の日本語版への序文：ダイヤモンド社）と語っている。数字としての目覚ましい成果よりも、人の成長を重視すること、つまり、**人の成長があれば、成果はおのずと出てくる**という広く浸透しているこの考え方に大きな敬意を持っている。世界中で講演する際に、日本を見習うべきと熱く主張することもたびたびである。

仕事を要請されたとする。その仕事はそれだけに集中してやれば、ギリギリ9日くらいでなんとかできる量だ。

でもちょっと待てよっ！

遅れたら怒られるし、いつ突然、ほかの仕事が振られてくるかわからない❻。予想外の問題が起きて仕事が進まない日も何日かあるかもしれない。何よりも、遅れたら相手の信頼を失ってしまう。そうすると次は一緒に仕事をさせてもらえない可能性がある。そうなったら困る。

❻ここ最近2週間のことを思い出してほしい。この2週間で、飛び込みの仕事は、まったくなかっただろうか？　それとも、予想外の仕事が入ってきただろうか？　飛び込みの仕事の頻度は、週に1回くらいだったろうか？　それとも2、3日に1回だろうか？　それとも毎日だろうか？　それとも毎時間？……こう考えるとたった2週間の期間でも、仕事の不確実性が高いのがよくわかる。たいていのプロジェクトの期間は2週間よりも長いことを考えると、不確実性の大きい現実に驚かされてしまう。

●余裕を見た納期（サバよみ）を設定する側の心理

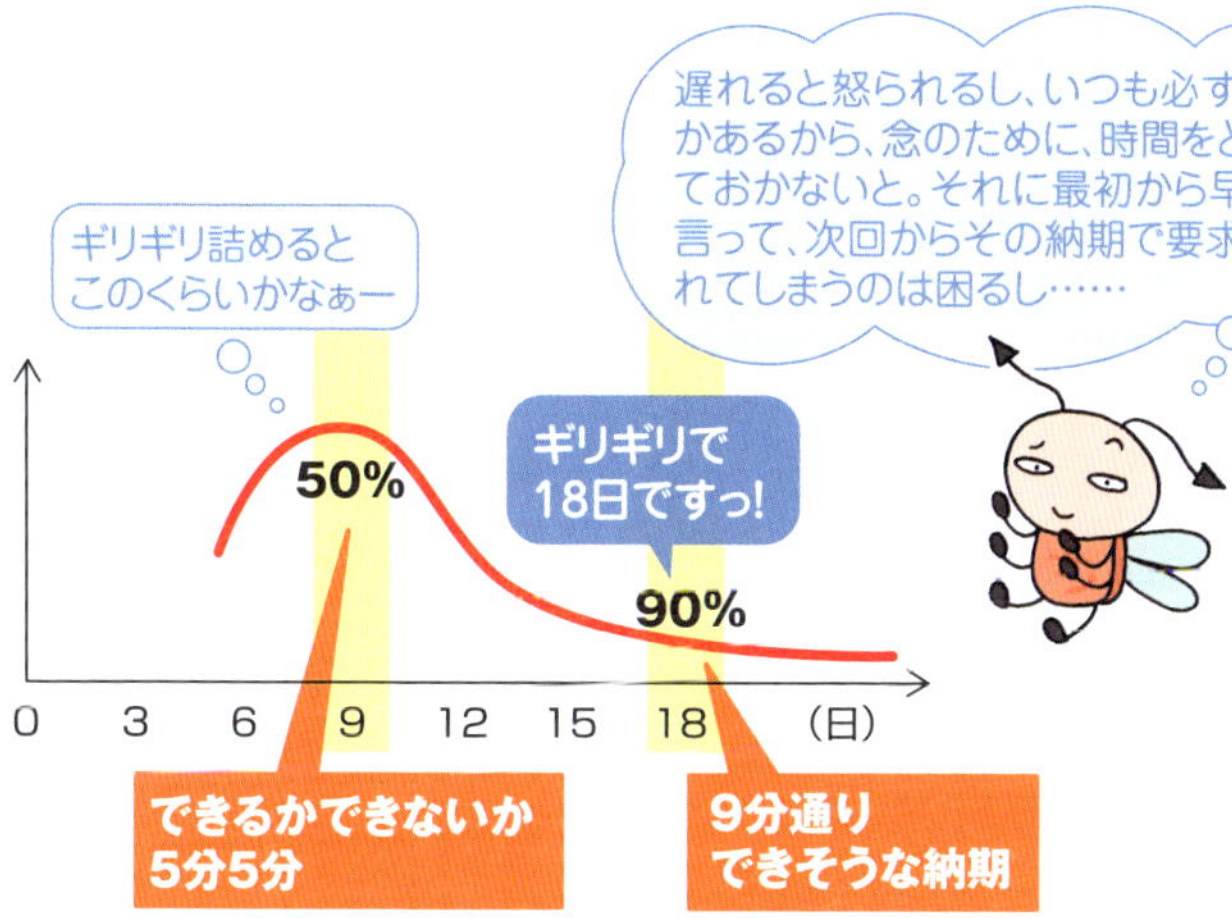
ギリギリ詰めると
このくらいかなぁー
遅れると怒られるし、いつも必ず何かあるから、念のために、時間をとっておかないと。それに最初から早く言って、次回からその納期で要求されてしまうのは困るし……
50%
ギリギリで
18日ですっ！
90%
0
3
6
9
12
15
18
(日)
できるかできないか
5分5分
9分通り
できそうな納期

そもそも、自分の納期遅れで周囲の人に迷惑をかけたくない。

だから**念のために余裕（サバ⑦）をよんでおこう**と「ギリギリで18日ですぅー」と答えてしまうワタクシである。

プロジェクトに不確実性はつきもの。何が起こるかわからない。不確実性から、納期という約束を守るため、また、遅れて相手をがっかりさせないためにも、安全余裕が必要なのだ。安全余裕といえば聞こえはいいが、実はそれはサバだ。**要するに、責任感があるから、相手をがっかりさせたくないから、サバをよむ**のだ。

思い当たりませんか？　その2
▼予算と時間をあるだけ使う

18日の納期に対して私はどういう行動をするだろうか？

初日から快調に飛ばして仕事の大半を最初の数日で終える？　そんなことは私はしない。18日という余裕のある納期をもらったので、最初はゆっくりと始めて、予定日が来るのに合わせて仕事の仕方を調整してしまう。

なぜかというと、その間は仕事も割り当てられているし、忙しそうに仕事をしていれば別の仕事を割り当てられなくてすむ。私はその与えられた時間をあるだけ使って、自分の仕事をうまく調整して、仕事を完了するように動く。

これは私だけの問題ではないらしい。

「人間は与えられた予算と時間はあるだけ使ってしまう生き物である」――これ

TOC豆知識

念のために余裕（サバ）をよんでおこう

「人はもともと善良である」というのが、TOCの重要な信念の一つである。サバをよむ人は悪い人と考えてしまうのではなく、「人はもともと善良である」という信念をベースにして、人がサバをよむのには、なんらかの理由があると考え、それを引き起こしている原因に目を向けて、問題を解決していく。

なぜ人はサバをよむのだろうか？

プロジェクトは、今までやったことのないことをすることである。つまり、プロジェクトに不確実性はつきものであるといえる。その不確実性の中で、決められた期限を守らなければならないという責任がそれぞれのタスクの担当者にはある。何が起こるかわからないという不確実性に対応するために、それぞれのタスクに担当者が安全余裕（サバ）を持ちたくなるのも無理はない。

つまり、**納期を守らなければいけないという責任感があるから、人はサバをよむのだ。**

この理由を理解すれば、打開策は見えてくる。いかに、プロジェクトメンバーの一人ひとりの責任感を一つにまとめて、プ

を一般にパーキンソンの法則[8]という。3月になると「どうしていつも工事が多いんだろう」と思ったことはないだろうか？　人間は、与えられた予算と時間はあるだけ使ってしまうという生き物[9]であるのは古今東西変わらない現実なのだ。

思い当たりませんか？　その3

一夜漬け

18日後に社内で資格テストがあるとする。私が最初にするのは、テストに関連する参考書を全体にペラッと眺めることだ。そして、「まあ、18日あるし、これなら余裕だ」と考える。そして、そのまま数日間放置する。その間もいろいろと別のことをしていて忙しい。そして気がついてみ

ロジェクト全体の成功のために活用していくかが、CCPMの肝であり、また、この本全体で議論するところでもある。

●パーキンソンの法則

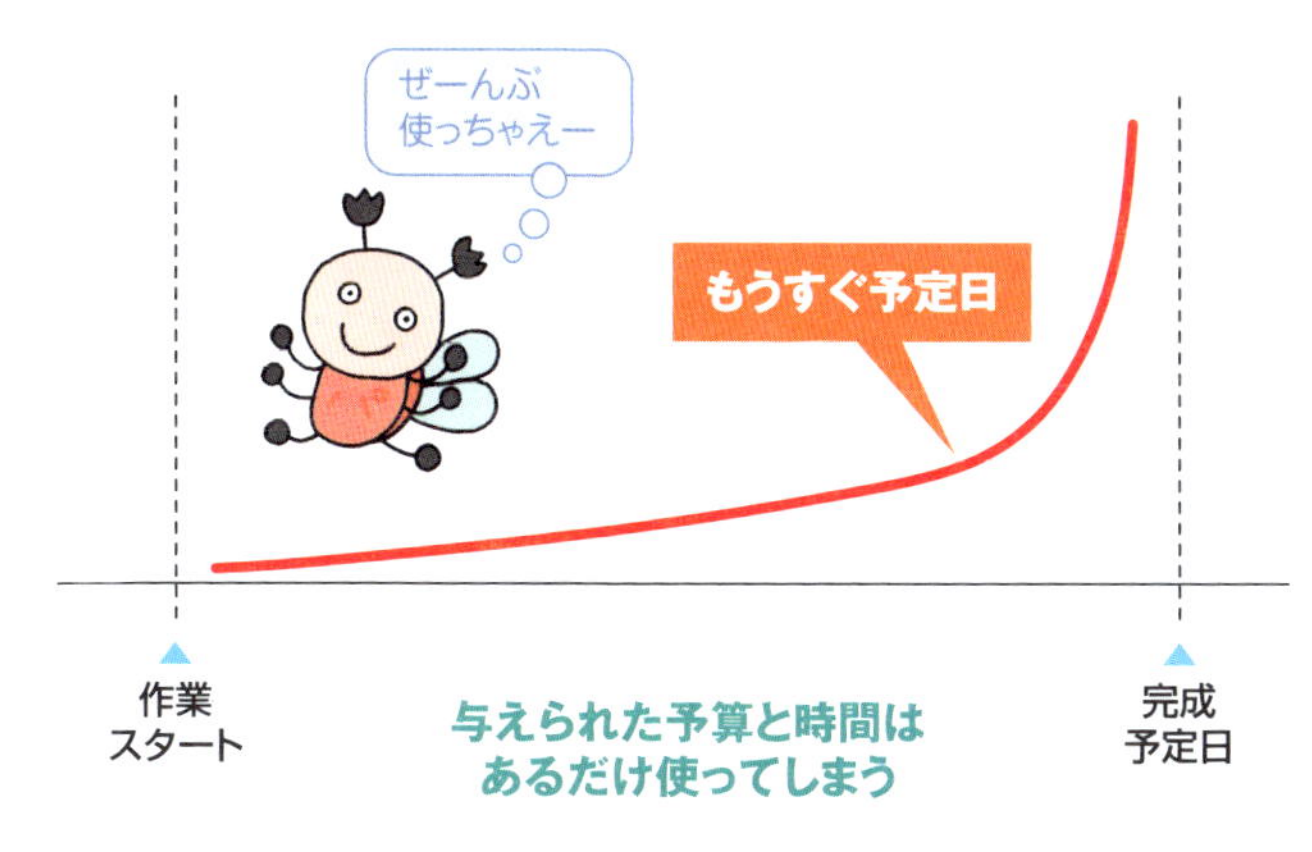

ぜーんぶ
使っちゃえー
もうすぐ予定日
作業
スタート
完成
予定日
与えられた予算と時間は
あるだけ使ってしまう

⑦サバよみの語源は興味深い。サバは群れで動くので、とれるときはたくさんとれる。傷みやすいサバは、一匹一匹数えると、傷んでしまって商品にならない。だから、大雑把に数えておいて、後でお客様から文句を言われないように、ちょっとだけ多めに数を増やすそうだ。ここでも、お客様をがっかりさせたくない責任感で人はサバをよむ。

⑧イギリスのパーキンソン氏の書いた『パーキンソンの法則』（至誠堂）は、一読の価値あり。「命ぜられた仕事を仕上げる場合、時間はいくらあっても余るということはない。この事実はすでに『ひまつぶしは一番忙しい仕事である』ということわざによってよく知られている」の一文で始まるこの本で展開される辛辣なユーモアには、まいってしまう。

⑨予算があるから全部使ってしまう。逆に使わないと来期の予算が減らされてしまうというペナルティーまでつくので、やっぱり予算は全部使ってしまったほうが得だと思うのは当たり前である。

るとテストの日が迫っている。ハタとあせって勉強にとりかかる。
でもそのときに必ず襲うのが予期せぬ問題だ。

いつだってそうだ。テスト間際の一番タイミングの悪いときにそういう問題が起こる[10]。

そして、気合とともに徹夜の連続でなんとかテストに間に合うように勉強をする。

そしてテスト間際のがんばりに、なぜか充実感を感じたりなんかして、「人は私を瀬戸際の魔術師と呼ぶ」なんてうそぶいたりもしている。いつもこうなることはわかっているのだが、常に一夜漬けを繰り返すのは学生時代から変わらない[11]。

これを「学生症候群」[12]というらしい。

思い当たりませんか？　その4
▼過剰管理

さらに問題を深刻にするのがタスクのお互いの**つながり**である。

28ページの図のように、5つのタスクがあり、その後合流するタスクがあるとする。5つの部品をつくった後、それを一つに組み立てるような工程である。

この5つのタスクがもしも、五分五分の割合で、進みも遅れも

●学生症候群

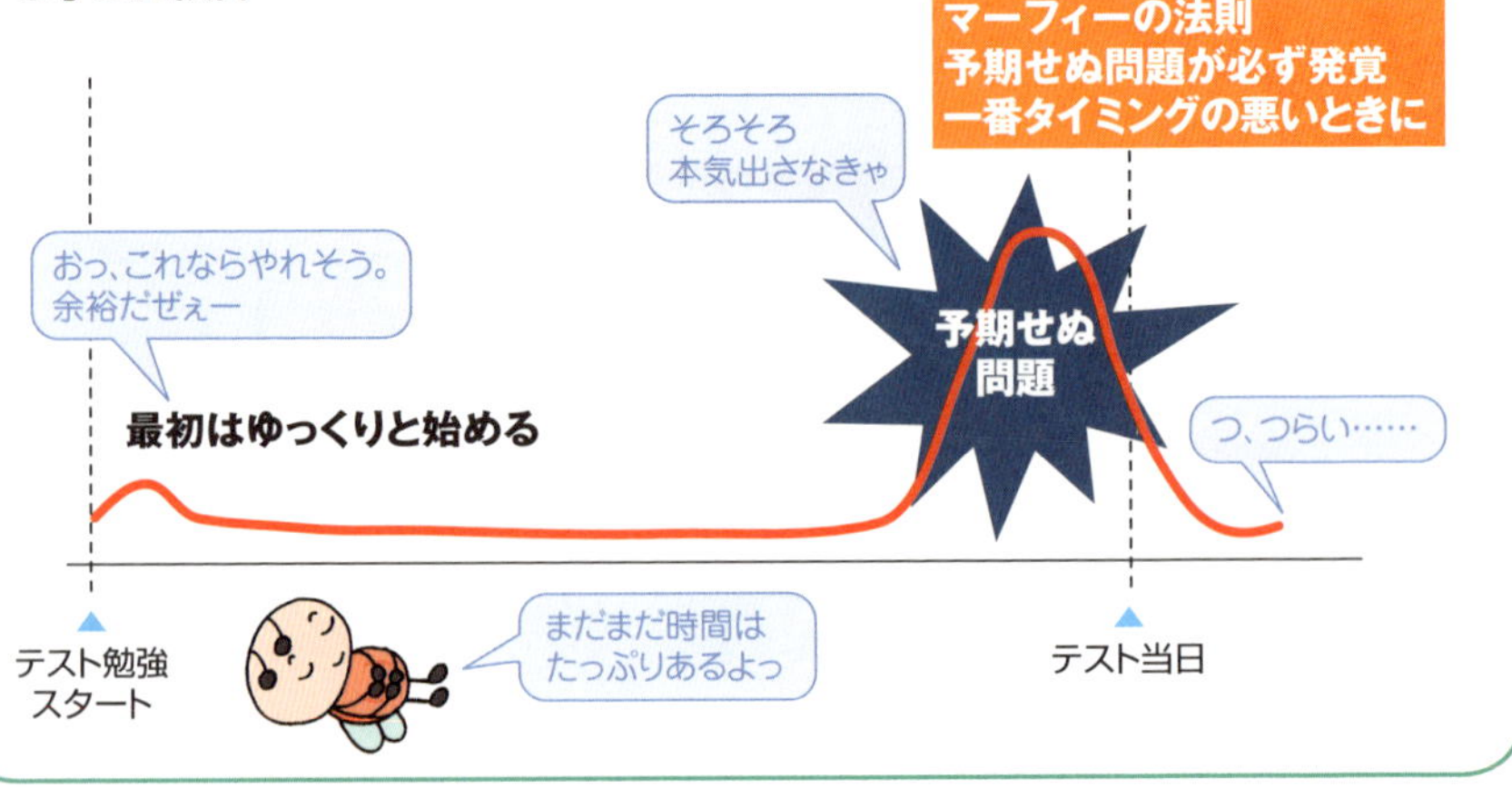
マーフィーの法則
予期せぬ問題が必ず発覚
一番タイミングの悪いときに
そろそろ
本気出さなきゃ
おっ、これならやれそう。
余裕だぜぇー
最初はゆっくりと始める
予期せぬ
問題
つ、つらい……
テスト勉強
スタート
まだまだ時間は
たっぷりあるよっ
テスト当日

⑩これを「マーフィーの法則」という。「ジャムを塗ったパンをカーペットに落としたときに、ジャムの側がカーペットにくっついてしまう確率は、カーペットの値段に比例している」という話もあるらしい。

⑪『出張直前！一夜漬けのビジネス英会話』（中経出版）という本まで出したほど、私の一夜漬けは、徹底しているが、これは決してジマンできないことだ。

⑫一夜漬けの話を日本で最優秀といわれる官僚の方々に質問したことがある。彼らでも、やはりこの話はみんな苦笑しながら同意してくれていた。なんだか妙に親近感がわいてきた。

TOC豆知識

つながり

●もっとも弱いところが制約となる

ここで、みなさんのプロジェクトの中の仕事をあらためて考えてもらいたい。みなさんの仕事は、周りと独立して行なわれているだろうか？　それとも、周りとつながりを持って行なわれているだろうか？　もしも、つながって行なわれているとするなら、そのつながりの中にある、それぞれの人や組織の能力はみな同じだろうか？　それとも、ばらつきがあるだろうか？

もしも、それぞれの能力にばらつきがある人や組織が、つながりを持って仕事を進めているなら、その全体のつながりの中には、必ず相対的に強いところと弱いところが存在する。つながりの中でもっとも弱いところが、全体から見ると制約となることになる。

●制約への取り組みが全体最適への近道

この気づきは極めて重要だ。なぜなら、この一番弱いところに集中して取り組むだけで、全体がよくなるということになるからだ。言い換えれば、逆説的ではあるが、一番弱いところ以外を強化するように取り組んでも、全体はよくならない。それどころか、それに費やされた努力は、全体の成果にはつながらないどころか、無駄ということになる。

それぞれの能力にばらつきがあるつながった組織の中の仕事では、相対的に弱いところがある。この一番弱いところが全体の制約。つまり、全体をよくしたいなら、この制約に取り組めばよいということを明確にした理論、それが、ゴールドラット博士が提唱したTOC（Theory Of Constraint：制約理論）なのである。

一カ所に取り組むのと、全部に取り組むのでは、一カ所に取り組むほうが楽だし、効果も手っ取り早く期待できる。しかも、すべての改善努力は全体最適に向かう。シンプルだからこそ、実践的だし、効果も絶大だ。

●成果を出し続ける「制約理論」

１９８４年に出版された『ザ・ゴール』（ダイヤモンド社）は、今も色あせないベストセラーであり、その理論は、今では、産業界だけでなく、行政、教育などさまざまな分野に適用され、世界各地で目覚ましい成果を出し続けている。その理論は今もよりシンプルに、よりわかりやすく、より実践的に進化し続けている。

なぜ博士は、手法ではなく、理論という言葉を使ったのだろう。「理論」を広辞苑で調べると、「個々の事実や認識を統一的に説明することのできる普遍性を持つ体系的知識」とある。ゴールドラット博士は物理学者である。彼は物理学者として、マネジメントにおける個々の事実や認識を統一的に説明することのできる普遍性を持つ体系的知識として「制約理論」をつくりあげているということなのだ。

●つながりとばらつきのある組織での全体最適

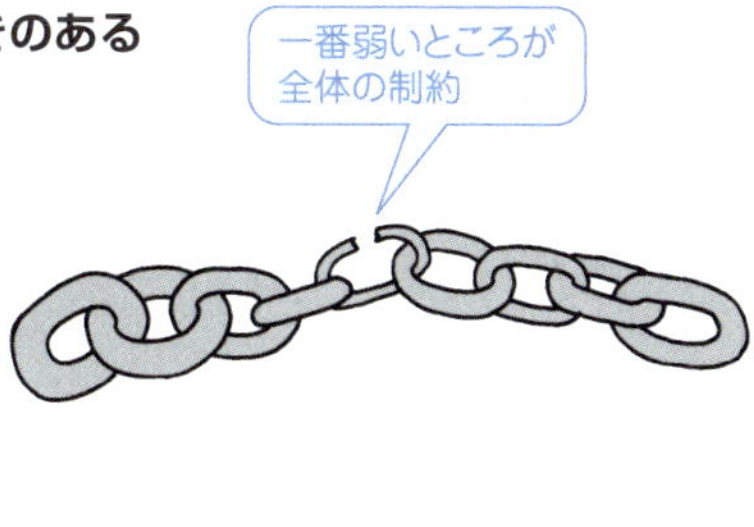

発生すると想定した場合、緑の工程が予定通りに始まる確率はどうなるだろうか？　これは簡単な計算である。

$$0.5 \times 0.5 \times 0.5 \times 0.5 \times 0.5 = 0.03125$$

要するに、次の工程が予定通りに始められる可能性は、なんと約3％しかないのである[13]。

さらに悪いことに、どれかタスクが一つでも遅れたら、間違いなく、このプロジェクトは遅れるのである。そして、恐ろしいことに、現実のプロジェクトはこの工程よりもはるかに複雑であり、遅れる可能性もはるかに高いのが実態だ。それをわかっているから、心配で心配でたまらない。ちゃんと管理しなきゃと、せっせと管理に精を出すようになる。それが、いつしか、管理のための管理にすり替わり、報告書や会議が増えてついには過剰管理に陥ってしまう。

●遅れは伝播する

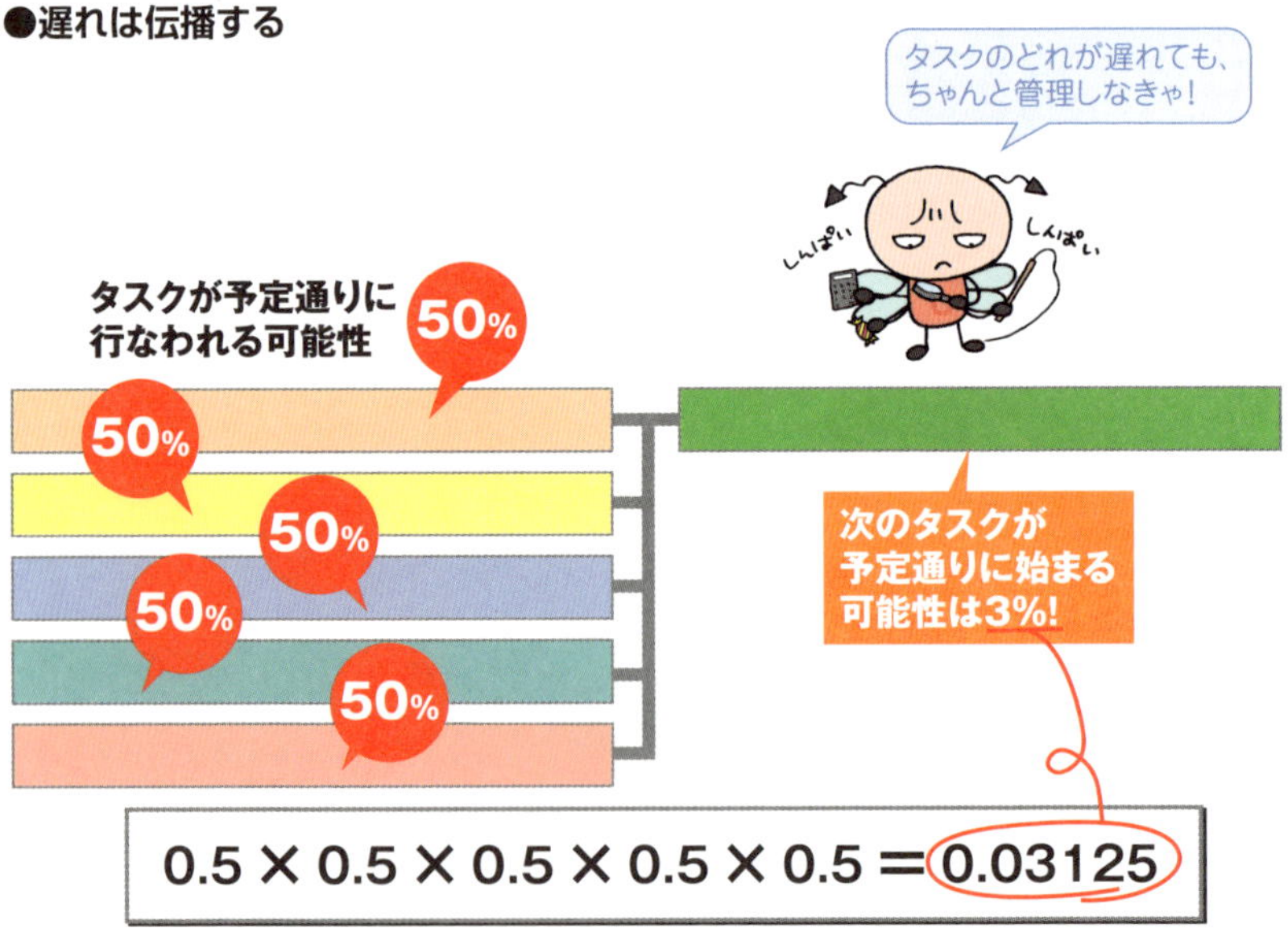

タスクのどれが遅れても、ちゃんと管理しなきゃ！
しんぱい
しんぱい
タスクが予定通りに行なわれる可能性
50%
50%
50%
50%
50%
50%
次のタスクが予定通りに始まる可能性は3%!
0.5 × 0.5 × 0.5 × 0.5 × 0.5 ＝ 0.03125

⑬どうりでプロジェクトマネジャーは忙しいはずだ。この場合、５人の担当者にわめき散らしながら、尻をひっぱたいてなんとか納期を守るようにする。だがひっぱたくほうもつらいのだ。

思い当たりませんか？　その５
▼早く終わっても報告しない

それでは、早く終わった場合はどうなるだろう？

たとえば、調査報告などの仕事を依頼されていて、その調査が予定より早く終わり、報告書がひと通りまとまった。18日の予定に対して、半分で終わってしまった場合、私は、早く終わったことを報告し、レポートを提出するだろうか？

残念ながら私はそうはしない。

「待てよ。予定よりはるかに早く終わったら、手を抜いた仕事をしていると思われるかもしれない。そのうえ、時間があるから、かえって、厳しくチェックされるかも。いや、それどころか次回からこの納期で要請されたら、たまったもんじゃない。よく考えると、早く終わったら、もっと安くしろっ

●早期完了の未報告のメカニズム

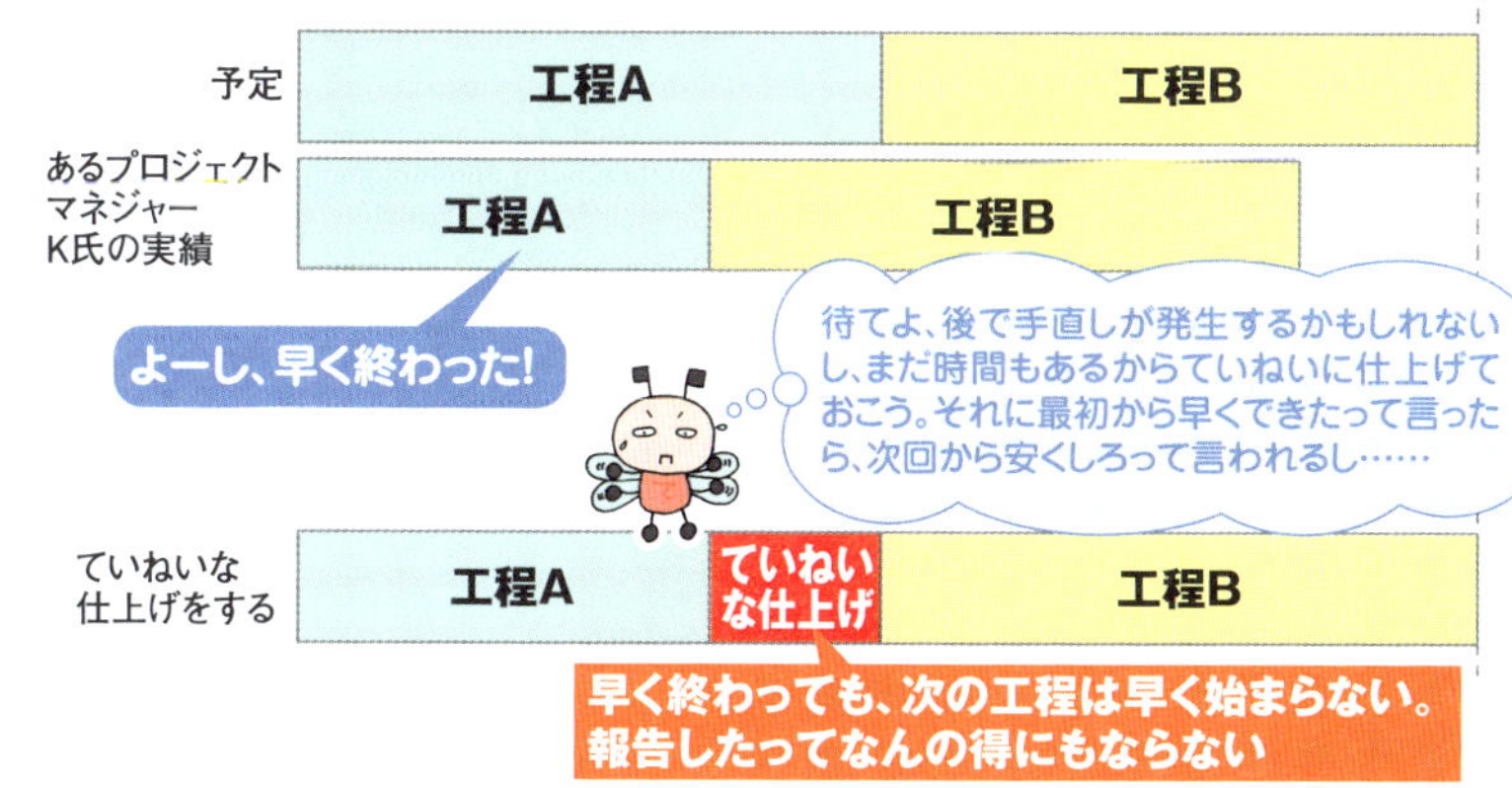
予定
工程A
工程B
あるプロジェクトマネジャーK氏の実績
工程A
工程B
よーし、早く終わった！
待てよ、後で手直しが発生するかもしれないし、まだ時間もあるからていねいに仕上げておこう。それに最初から早くできたって言ったら、次回から安くしろって言われるし……
ていねいな仕上げをする
工程A
ていねいな仕上げ
工程B
早く終わっても、次の工程は早く始まらない。報告したってなんの得にもならない

て言われる可能性だってある」

こんな心の声が聞こえる。そして、私は何をするかというと、「ていねいな仕上げ」というタスクを自分でつくる。書式を整えたり、フレームをきれいにしたり、イラストを入れたり、勝手に期待された以上の出来栄えにするために一生懸命仕事をする。これは決して悪いことではない。期限通りに、期待以上の出来栄えのレポートを提出するのだ。そしてこう言われる。

「いつも納期を守ってくれて頼りになるよ。それもすばらしい出来栄えだ。次の仕事もよろしく頼むよ」

タスクのネットワークを見ると、タスクが終わると次のタスクは自動的に始まることになっているが、そうはいかない。私は損得勘定で動く人間である。だから、自分の損になるような報告はしないし、相手も喜んでくれて、自分にも得になる報告をしたい。

ここでの現実は重要だ。タスクの遅れは必ず次の工程に伝播するのに、早く終わってもそれは伝播しないのだ。

思い当たりませんか？　その6

▼マルチタスク

現実はさらに厳しい。世の中に一つの仕事だけに集中させてもらえる人が何人いるだろうか？　特に競争の厳しい昨今では、たくさんのプロジェクトが同時に

⓮プロジェクトのメンバーは100名くらいなのに、実際に動いているプロジェクトの数を全部リストアップしてもらうと、その数倍あることも珍しくない。これは、改善の活動が盛んな現場にこそ、より多く見られる傾向。よかれと思って始めた経営改善活動が、かえって現場を苦しめるのが、つらいところだ。

動いている。商品開発プロジェクト、人事改革プロジェクト、業務改革プロジェクト、コストダウンプロジェクト、経営改革プロジェクト……。どれだけあるかわからないほどである⓮。それもすべてのプロジェクトが「会社の方針です。最優先でお願いします」となっていないだろうか？

たとえば12日で終わる仕事が3つあったとする。この3つを一つずつやっていくことはなかなか許されない。依頼主から、「あの件どうなった？」という確認に対して「まだ始めていません」とは組織人としては言いがた

●マルチタスク

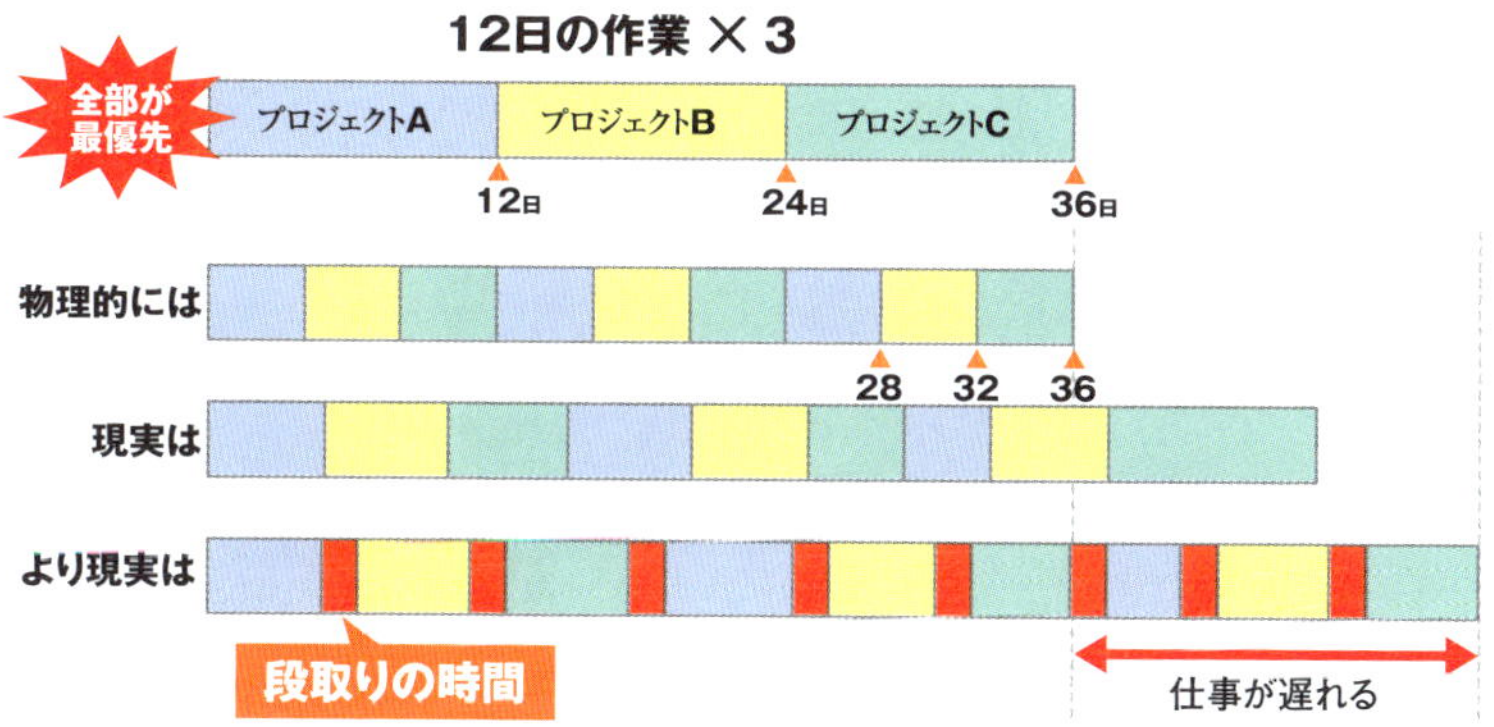

12日の作業 × 3
全部が最優先
プロジェクトA
プロジェクトB
プロジェクトC
12日
24日
36日
物理的には
28
32
36
現実は
より現実は
段取りの時間
仕事が遅れる

い。仕方がないので、少し空きを見つけては始めるのが通常である。そして少しずつ3つのプロジェクトをまんべんなく進めていく。

だがこれが落とし穴だ。この「つまみ食い仕事」は、物理的には可能なように見えるが、よく考えると無謀な計画なのである。

というのも、3つの異なるプロジェクトを行なう場合、一つのプロジェクトから別のプロジェクトに移行するときに間違いなく「気分転換」や「段取り」の時間が必要となる。それで思考が中断されたりすると、なかなか先に進めず、「あれっ、この間どこまで進めたんだっけ?」といろいろ思い出したり、考えたりしながら作業を行なうのでまともに先に進めない。

「遅れは伝播するが進みは伝播しない」のが当たり前のプロジェクトなのに、さらに段取りや気分転換の時間を入れなければならない。それに加えて3つのプロジェクトの進捗を同時に監視し、適時に手を打つというタスクまで発生してしまっている[15]。ただでさえ厳しいプロジェクトがさらにこれで厳しくなる[16]。

マルチタスクが発生するのには、立派なメカニズムがある。

既存のプロジェクトを実施している段階で特急レベルの新しいプロジェクトが入ってきたとする。どちらも会社として最重要プロジェクトである。そこで現場は考える。新しいプロジェクトを早く完了するためには、新しいプロジェクトを

TOC豆知識

マルチタスク

仕事をするのに集中するのと集中しないのとでは、
・どちらが効率はよいだろうか?
・どちらが品質はよいだろうか?

こう考えると、集中するほうがよいに決まっていると考えるのが常識的だ。しかしその常識的なことが、実際に行なわれていないことも現実である。「人はもともと善良である」という信念で考えるなら、常識的なことが行なわれていないのは、なんらかの理由があるに違いないと考え、その理由を見つけていく。その理由に誤った思い込みがあれば、その思い込みを解消することで、自然に、常識的なことが現場で行なわれるようになる。

本文で説明するように、マルチプロジェクトでの誤った思い込みは、「なるべく早く始めれば、早く仕事が終わる」ということである。早く始めれば始めるほど、現実のマルチプロジェクト環境では、同時進行の仕事が増えて、人は集中できなくなり、仕事の質が下がってしまう。

"Common sense is not

なるべく早くスタートしなければならない。一方で既存のプロジェクトを早く終わらせるためには、既存のプロジェクトを優先させ、新しいプロジェクトのスタートを遅らせる必要がある。

　ここに対立（コンフリクト）が生じる。困るのは現

●とりあえず早くスタートすることが、マルチタスクを引き起こす

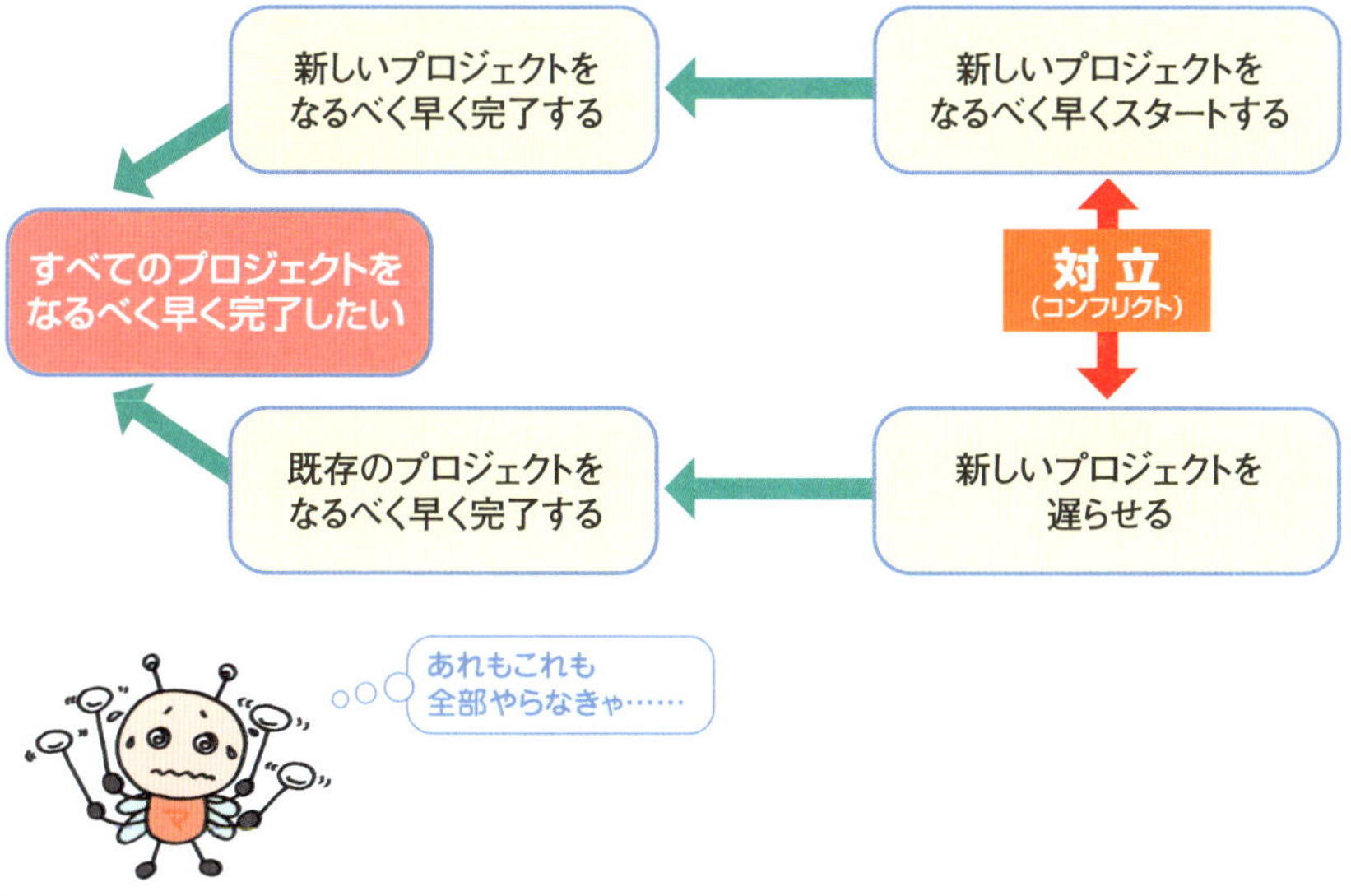
新しいプロジェクトをなるべく早くスタートする
新しいプロジェクトをなるべく早く完了する
対立（コンフリクト）
新しいプロジェクトを遅らせる
既存のプロジェクトをなるべく早く完了する
すべてのプロジェクトをなるべく早く完了したい
あれもこれも全部やらなきゃ……

common practice."——これは、博士の口癖でもあるが、当たり前のことを実践することこそ、むずかしいのも事実。それを無理なく、自然に、誰にでも、行なえるようにする実践の知識体系が詰まっているのがTOCだともいえる。

⑮これはまるで皿回しみたいだ。プロジェクトの進捗を見て、そこで皿を回す。そして問題がないか確認する。そして少しの間あるプロジェクトの皿を回す（タスクの作業をする）。気がついてみると皿が割れている。それを修理している間に別のプロジェクトの皿がさらに割れている。そうやってすべてのプロジェクトが破綻する。そして現場のみんなとため息をつきながら、皿の修復作業に明け暮れる。

⑯もっと現実的なことを言うと、デキる人に例外なく仕事は集中する。マルチタスク皿回しの名人が、つまりは辣腕プロジェクトマネジャーの要件なのではないだろうか。

場である。「あちらを立てればこちらが立たず」に陥ってしまい、この**対立解消**のために、なんとしても両方の要求を満足させようと努力する。「急がないと納期が間に合わない。ちょっとだけ手隙があるんで、とりあえず[17]今のうちに新しいプロジェクトを始めておこう」となる。

　こうやって新しいプロジェクトに手がつけられる。すると同時進行の仕事が増える。そして段取り、作業、段取り、作業のめまぐるしく変わる手順に追われるマルチタスクが始まる。また次の緊急プロジェクト[18]が入る。するとさらにマルチタスクが増える。際限なくこれが繰り返される……。

人のサガ

　これまで6つの「思い当たりませんか?」という問題を挙げてきたが、いかがだろうか?

　これらの項目はすべて人の心に潜むサガなのではないだろうか? もしもそうだとすると、実はそれは人間である限り避けられない問題[19]なのではないだろうか?

・私はサバをよむ人間である。

TOC豆知識

対立解消

「自然は極めてシンプルで、自らと調和している」という言葉は、ゴールドラット博士が好んで引用するニュートンの言葉。ゴールドラット博士は物理学者である。モノゴトに対立があると認識があるなら、彼は常に、物理学者のアプローチで、その本質に目を向けて、対立なき解消策を編み出していく。

　そのアプローチを体系化したものがThinking Process（TP：思考プロセス）である。この「思考プロセス」の中でも、もっとも活用されるのが、Evaporating Clouds（EC）、翻訳すると、「蒸発する雲」となるが、通称クラウドと呼ばれている。

　プロジェクトにまつわる対立をこのクラウドという手法を使って構造を明らかにしたのが、33ページの図である。飛び込みで入ってきた「新しいプロジェクトをなるべく早くスタートする」か、それとも、今やっているプロジェクトを優先し、「新しいプロジェクトを遅らせる」かの二者択一のように思える対立であるが、よく考えると両者は、「すべてのプロジェクトをなるべく早く完了したい」という共通目標を持っていることがわかる。「すべてのプロジェクトをなるべく早く完了したい」という共通目標を満たすためには、「新しいプロジェクトをなるべく早く完了する」必要があるし、「既存のプロジェクトをなるべく早く完了する」必要がある。「新しいプロジェクトをなるべく早く完了する」こ

・私は与えられた期間と予算に合わせて仕事を調整する人間である。
・私はどうしても一夜漬けに頼ってしまう人間である。
・私は作業の遅れが心配でたまらないので、管理にせっせと精を出したくなる人間である。
・私は早く終わっても自分の損得を考えて報告せず、ていねいな仕上げをする人間である。
・私の仕事の環境は一つのタスクに集中することを許されない状況である。

ここまでで明らかになったことは、プロジェクトマネジメントの最大の課題は、人の心に必ずあるであろう、これら人のサガの問題なのだ。

と、「既存のプロジェクトをなるべく早く完了する」ことは対立していないどころか、両立すべき要望であることがわかる。

一方で、この異なる二つの要望を満たすための手段のレベルでは、「新しいプロジェクトをなるべく早くスタートする」と「新しいプロジェクトを遅らせる」が対立していることがわかる。

これらの手段の二つのうち、いずれの一つをとっても、「新しいプロジェクトをなるべく早く完了する」ことと、「既存のプロジェクトをなるべく早く完了する」ことに妥協をしてしまうことになりそうなのがジレンマであるといえる。このときに、今考えられている対立している二つの手段だけが手段であるとは限らない。つまり、これらの異なる二つの要望を同時に満たすうまい方法がまだ見つかっていないだけなのだと考え、その二つの要望を満たす妥協なき方法を考え抜いていく。

この本で紹介する手法CCPMは、この二つの異なる要望を満たすために考え抜かれ、世界中で実践され、目覚ましい成果を上げ続けているものなのだ。「思考プロセス」や「クラウド」という手法そのものにご興味のある方は、拙著『全体最適の問題解決入門』（ダイヤモンド社）を参考にしていただきたい。

⑰「とりあえず」始めてしまおうという現場がいかに多いかには驚く。当人たちは、とても真剣。多すぎる仕事をなんとかこなそうと少しでも時間のあるときに「とりあえず」始めようと、よかれの思いでやっている。それが同時進行の仕事を増やし続け、マルチタスクを引き起こし、自らのクビを絞める結果になっていることに気がつかないのがとても切ない。これを私は「とりあえず症候群」と呼んでいる。「とりあえず」という言葉が頻繁に語られる現場であれば、要注意。後で紹介するマルチタスクゲームをやってみることをオススメする。

⑱緊急プロジェクト、重要プロジェクト、社長プロジェクト、最重要プロジェクト、社命をかけたプロジェクト。どれが最優先で最重要か？それを現場で選択させるのは酷というものではないだろうか？

⑲これらを全部書いているといつも気が滅入ってしまう。でも説明していると一番みなさんがうなずいてくれることが多く、私も一人ではないと妙な立ち直り方をしたりもしている。

TOCのプロジェクトマネジメントに対するソリューション、クリティカルチェーンプロジェクトマネジメント（Critical Chain Project Management：CCPM）は、こういった人の問題行動の現実を無視せず、むしろ、それらを前提として積極的に受け入れ、**シンプル**で、実践的な解決策を提供している。それらは、次のたった5つの処方箋から成り立っている。

- Choke　**選択と集中**
- ODSC　**目標すり合わせ**
- Backward Plan　**段取り八分**
- Aggressive But Possible　**サバ取り**
- Buffer Management　**ゆとり**

次の章から、一つひとつそれらを解き明かしていきたい。

TOC豆知識

シンプル

"It must be simple, otherwise it never works." ――シンプルでなければならない。そうでなければ、うまくいかない。これはゴールドラット博士の口癖の一つでもある。TOCには二つの重要な信念がある。24ページに挙げた「人はもともと善良である」と並んで、もう一つのTOCの重要な信念。それは、「モノゴトはそもそもシンプルである」ということだ。つまり、モノゴトが複雑に見えていたとしたら、本当は我々が十分にその本質を理解していないだけであるという考え方がベースになっている。

科学の論文を考えてみてほしい。複雑な公式がたくさん並んでいて、事例がたくさん載っている論文と、シンプルな公式一つで、事例も一つ。しかし、その公式一つで、幅広いものが説明できる論文。どちらがすぐれた論文かといえば、シンプルな公式一つのほうであろう。本質に迫れば迫るほど、シンプルにものが見えてくる、という自然科学の世界では常識的なモノゴトの見方である。それを、マネジメントの世界にも応用できるし、応用すべきであるというのがTOCを開発した動機であると、ゴールドラット博士は語っている。

プロジェクト村の物語

YouTubeでも
アニメ公開中！

この物語の出演虫

やる虫　サバよみ虫　かくれサバよみ虫　チョーやる虫

むかしむかしあるところにプロジェクト村という村がありました。そこには、責任感が大変強い虫さんたちがたくさんいました。

プロジェクト村では、いつも何が起こるかわかりません。雨が降ったり、突然問題が起こったり……。

予測できない問題が何度も繰り返し起こるようになってから、村のみんなが次々と変異し始めました。変異した虫は、みんな胸に「さ」の文字が見えて、サバをよむようになったため、「サバよみ虫」と名づけられました。「サバよみ虫」はだらだら仕事を進める行動をとるようになったため、納期遅れ、予算超過、目標仕様未達成などが村の大問題になってしまいました。

4

そこで、「サバよみ虫」の特効薬として有名なＣＣＰＭガスを使うことになりました。

ここで説明せねばなるまい！
ＣＣＰＭガスとは、イスラエルの物理学者ゴールドラット博士が発明した理論をもとに開発されたガスである。このガスは、プロジェクト環境における人間の問題行動、つまりプロジェクトの不確実性、リスクに対処するための問題行動のすべてを解決する画期的な特効薬といわれている。

5

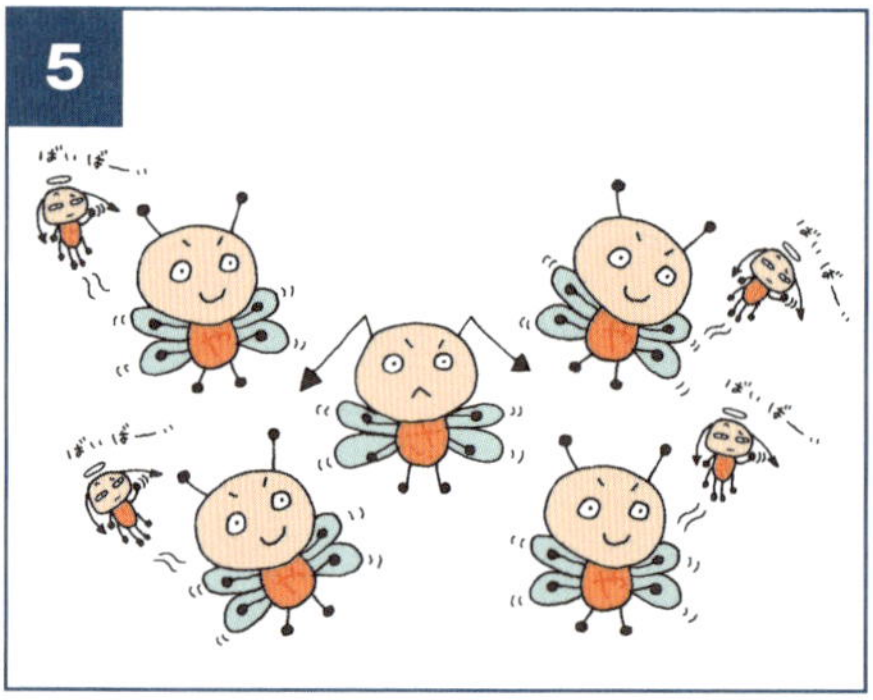

するとどうでしょう！
「サバよみ虫」はたちどころに「やる虫」に変異していったのです。でもその中で一匹だけ、違う虫がいました。

6

一匹だけ違うその虫は、ほかの「やる虫」が喜んで食べているバッファを食べません。とても不思議なのは、何も食べていないはずなのに、なぜかいっこうに痩せないのです。

7

綿密な実態研究によって、この虫は、実は自分のサバを隠しておいて、それを見えないところで食べていることがわかりました。注意深く観察してみると、胸に「さ」の文字がうっすらと浮かんで見えます。人はこの虫を「かくれサバよみ虫」と名づけました。

「かくれサバよみ虫」に実験的にダイエット治療が行なわれました。自分のサバを食べられないように、そのサバと思われる部分をバッサリと切り取ってしまったのです。

食べ物がなくなった「かくれサバよみ虫」は大変です。みるみる痩せてしまいました。

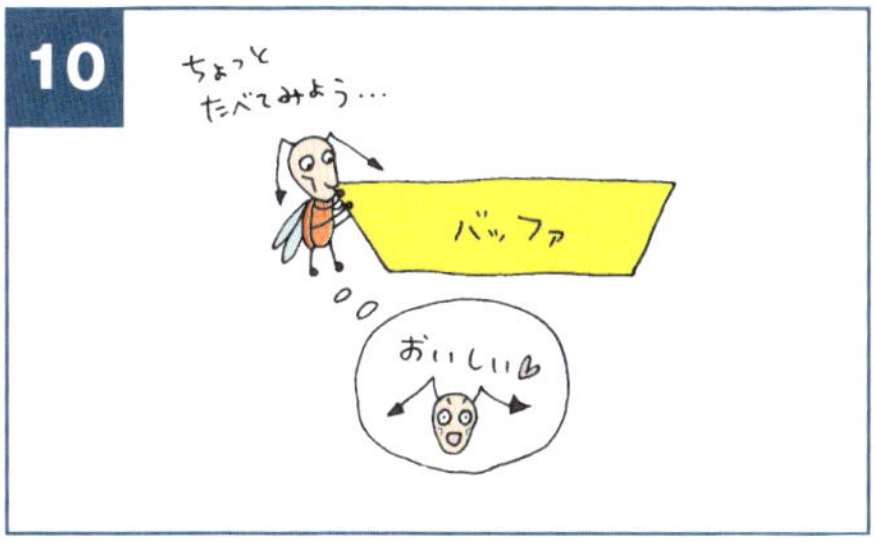

「かくれサバよみ虫」はみんなが食べている「バッファ」をちょっとだけ食べてみることにしました。
一口食べたらオドロキです。ものすごーくおいしいのです。

するとどうでしょう。「かくれサバよみ虫」が突然変異していきます。それも、普通の「やる虫」よりも太い「や」の文字が胸に見えます。これは責任感がもともと強いので「や」の文字が太くなるのではないかといわれています。
この虫のことは「チョーやる虫」と名づけられました。

「チョーやる虫」は人気者です。責任感も強くみんなの面倒もよく見ます。おかげで、納期遅れ、予算超過、目標仕様未達成などはまったくなくなり、村はそれから末永く栄えたということです。めでたし、めでたし。

パート1のまとめ

◎プロジェクトとは今までやったことのないことをすること。不確実性が高く、納期があり、人が行なうものである

◎プロジェクトには人にまつわる6つの問題行動が潜んでいる

❶サバよみ

❷予算と時間をあるだけ使う

❸一夜漬け

❹過剰管理

❺早く終わっても報告しない

❻マルチタスク

岸良流

プロジェクトマネジメント格言集 その1

プロジェクトマネジメントにまつわることわざ、慣用句の数々を私流にまとめてみた。暴走気味なのは著者のキャラクターであり、笑い流していただけるとうれしい。

しくじるのは稽古のため

物事は失敗してはじめて本質を知ることも多い。失敗したりしながら「もうこんな失敗は二度としない」と学ぶのは最高の教育の一つである。長年の徒弟制度による教育が許される環境であるなら、これがベストのやり方であろう。

問題は、せちがらい世の中である。競争激化、コスト削減、リストラの横行により、こういったじっくりと育成していくゆとりがなくなってしまった世の中が悲しい。

油断大敵

何が起こるかわからないプロジェクトマネジメントにおいて、よく使われる言葉。

顧客の要求や市場の変化なら納得できるが、ときには社内の後ろからはしごを外されることもある。これが一番「油断大敵」。

労多くして功少なし

進捗率管理の方法について議論を繰り返し、関係者が激論を交わしている状態のことを指す。

議論の途中にはEVMとかABCとか、3文字の専門用語が続出することが多く、参加者のほとんどが、その単語を理解しているようなフリをして議論している。

議論は管理手法という「手段」ばかりに終始することが多く、「プロジェクトの納期を守る」「プロジェクトの納期を短縮する」「プロジェクトで成功して儲ける」とかいう根本的な目的を忘れていることが多い。

ひどいときには、進捗管理のために膨大なシステム投資を行ない、またそれを使うために膨大な作業を現場に押しつけ、逆にプロジェクトの進行を妨げ、儲けを阻害している。似た用語に「百害あって一利なし」がある。

木を見て森を見ず

細かいタスクや作業の管理に没頭してしまい、プロジェクト全体の管理がおろそかになってしまう状況のこと。管理作業が増えるために担当に進捗管理のための作業も発生し、納期が遅れる可能性がかえって大きくなる場合が多い。納期の遅れが頻発すると、さらに詳細に管理しようとして、自らの首を絞め続けることもある。

百里を行く者は九十を半ばとす

担当やプロジェクトマネジャーから「九分通り終わりました」という言葉にだまされない辣腕マネジャーの現場からの報告の聞き方、または考え方。

「90」という意味は、本当は、残り10が山場でこれからが倍の期間がかかることがある。そうした真理を踏まえて、「これからが本番でもっとも注意が必要」と戒めた人類の英知が、この言葉には隠されている。

ふりだしに戻る

すごろくのように、プロジェクトの最後になって、仕様の大幅な変更や、(プロジェクトの前提事態に問題があることが発覚して)プロジェクトが最初からやり直しとなる状態。

最近はCtrl+Alt+Delete* という言い方をする場合もある。

勘定合って銭足らず

コストダウン運動には成功してコスト削減は成功しているのに、会社全体で決算してみると現金(キャッシュフロー)が減っている状態。

96ページ(その2)へ続く

＊私はMacファンだが、たまにこういう場面を経験すると、「チャ、ラ、ラ、ラーン」というシステムエラーのときのMacの悲しい泣き声が頭の中で聞こえることがある。

Part 2

マルチタスクをなくせ!

Choke

選択と集中

- マルチプロジェクトの極意
- 「ウチは特別」と全員が言う不思議
- プロジェクトが増え続けるメカニズム
- プロジェクトを選択し、集中する
- 「集中」を本当に実践する極意——今はやらない

マルチプロジェクトの極意

世の中の現実はマルチプロジェクト環境

あらゆる企業活動、団体活動、社会生活でプロジェクトは行なわれている。

そうした中で一人が一つだけのプロジェクトに専念できる例は稀有《けう》であり、実態として、人はマルチプロジェクト環境（＝複数のプロジェクトが同時進行している環境）で生活している。この複雑なマルチプロジェクト環境にいかに対応していくかが実際の企業活動、団体活動、社会活動、さらには日常活動において、課題となってくる。

その中でも、要領よくたくさんのことをこなす人と、パニックに陥る人がいる。

私自身の日々の生活を考えると、明らかにマルチプロジェクト環境で、常にたくさんのプロジェクトを、会社でも、家でも、趣味のバンド活動でも行なっている。どうも私には、**マルチプロジェクト**をこなせる容量に限界があるらしく、ある一定の量を超すと急に落ち着かなくなり、あせりはじめ、そして短気になり❶、その結果パニックに陥ってしまう。

いつも感じていることなのだが、まるで皿回しのような感覚である。数枚の皿ならうまく管理できるけれど、ある枚数を超えると急に全部を管理しきれなくな

TOC豆知識

マルチプロジェクト

「科学者の心を持て」とゴールドラット博士は、常に世界中の側近に語っている。「科学的」とは、広辞苑で調べると、「物事を実証的・論理的・体系的に考えるさま」とある。すると、この本で紹介する理論が科学的であるためには、論理的であり、体系的であるのはもちろんだが、実証されていなければならないということである。もちろん、マルチプロジェクトにおいても、その効果について実証されていなければならない。試しに、Theory Of Constraints、Critical Chainとインターネットで検索してみてほしい。マルチプロジェクトの現場におけるたくさんの目覚ましい事例が見つかるはずだ。TOC.TVというサイトでは、豊富な事例をビデオで見ることもできる。

り、全部の皿が割れてしまう……。

同時に複数手をつけないのがコツ

ある日、友人からおもしろいことを教えてもらった。その友人[2]は常に忙しいが、どんな頼まれごとも笑顔で引き受けて、しかもいつも早く、仕事は正確だ。彼の口癖は「仕事は忙しい人に頼め」ということだ。その秘密について聞いてみたら、彼はたくさんのことを同時にはやっていないと言っていた。

「たくさんのアクションを付箋に書いて、机やパソコン上に貼りつけている人がいるけど、あれだと、たくさんのアクションがあるので、それに圧倒されてしまう。私は、アクションを書いたカードを重ねて一番上だけ見ているんだ。全部のアクションに優先順位をつけて、一番上にある一つのアクションだけをやっているんだ。それなら一つのことに集中できるし、仕事は早く済むよ！」

この話を聞いてから、私の仕事のやり方は変わった[3]。

[1] この時期にたまたま私と話した人、ごめんなさい。反省しております。

[2] この友人は、京都に来てからの私の夜遊びの面でも師匠である。仕事もたくさんやるがそのうえ、パーティーでも遊びでも全部ばっちり！　遊びのほうだけでも少しでも彼に近づきたいと思って夜な夜な修行の毎日である。

[3]「同時にたくさんのことに手をつけない」ということに関して、本当に多くの方々から感謝のメールをいただき驚いた。たくさんある仕事のタスクを並べるのではなく、優先順位をつけるだけで、一人 CCPM ができてしまうということになる。これを最初に実践して教えてくれたのは、本書のデザインを担当されたムーブの新田さん。感謝である。

「ウチは特別」と全員が言う不思議

プロジェクトの数が多すぎる？

プロジェクトマネジメントに関する課題解決のために、多くのお客様を訪問しているが、「非常に話はわかるんだが、ウチの場合は特別なんだよ。プロジェクトの数が多すぎてマルチタスクにならざるを得ないんだ」というコメントが多い。白状するが、私も最初はそうだった。でも次の二つの質問を考えてほしい。

質問1 **二つの作業を互い違いにやるのと、一つの作業に集中し、一つひとつ片づけるのではどちらが早いですか？**

質問2 **どちらのほうがよい品質のものができますか？**

こう質問すると、みなさんが「一つに集中するほうが早いし、品質も高い」と答えてくれる。それは当たり前のことであろう。たくさんの作業を同時並行して進めると、「管理作業」と「段取り」の時間が増えてしまう。それに比べて、一つの作業に集中できれば、仕事ははかどり、質が高くなるに決まっている。

❹あー、昔を思うと今でも胸が痛い。ごめんなさい。私が優先順位を判断せず、常に大きい声で精神論を繰り返し、全部を最優先で進めていたからみんなに迷惑をかけていたのです。今まで一緒に仕事してくれたみなさん、本当にごめんなさい。

ではなぜ現実の世界は、マルチタスクばかりになってしまうのだろうか？　最近このメカニズムがやっとわかった。

それは**優先順位を判断しない**❹からである。

優先順位を判断しないとどうなるか、これを検討してみよう。

一つのプロジェクトをやっていたとする。そこに緊急の優先順位の高いプロジェクトが入る。「これは会社として緊急を要するプロジェクトだ。なんとかしてほしい」と言うと、素直な現場は「わかりました。なんとかしま

す」と応じてしまう。一方で、もともとやっていたプロジェクトも重要で、すでにお客様への納期は決まっている。

両方遅らせるわけにはいかない。するとプロジェクトは二つ同時に進行することになる。こうしてマルチタスクが始まってしまうのだ。

「残業、休日出勤をすればなんとかなる」[5]「人員を補強すればなんとかなる」……と簡単にいかないのが、プロジェクトの現実である。

特に、あるタスクは特定の人しかできないことが多い。当然、そういう人に仕事が集中する。デキる人は忙しく複数のプロジェクトに参加して、マルチタスクを常に要求されているのだ。

[5] 遅れを取り戻すために、残業、休日出勤だけでなく、サービス残業したり、仕事を家に持って帰ってやったりするほど、現場はマジメで、一生懸命。この強い責任感にはいつも感動させられてしまう。でも、よく考えると、それは自分の人生や生活の時間を犠牲にして、プロジェクトの足りない時間を穴埋めしているということ。決して健全なことではない。足りない時間を人間がなんとかしている状態のことを、私は「人間バッファ」と名づけた。できれば、この本で、「人間バッファ」を世の中から撲滅したいと心から願っている。

プロジェクトが増え続けるメカニズム

社外と社内、どちらも重要プロジェクト!

一つめのプロジェクトの進行中に、二つめのプロジェクトが社命で入れられることになってしまった。

ここで発生するのは、二つの並行する作業とそれに加えて段取り[6]を行なう作業である。それを図に表すと下のようになる。

それに加えて、最重要の社長要請の業務改革プ

[6] プロジェクトに参加する担当者のうち、たくさんの人たちが第一のプロジェクトの段取りと作業、第二のプロジェクトの段取りと作業を同時進行で繰り返していく。これはまさに膨大な損失だ。

●タスクが増えると「段取り」の時間が発生する

ロジェクトが入ったとする。するとどうなるか？　これもさすがに断るわけにいかない。お客様を最優先で考えれば、たしかに社内のプロジェクトの優先順位は低いかもしれない。でもこれは全社ですでに計画されている。それに足並みをそろえなければならない。現場は工夫をして、第三の最重要プロジェクトを入れることになる。するとどうなるか。

第一のプロジェクトに加えて、第二のプロジェクト、そして段取りの時間、さらに第三のプロジェクトが入るので、第一のプロジェクトとの間に段取りの時間、さらには第二のプロジェクトとの間の整合性も重要なので段取りの時間が発生する。それを図に表すと下のようになる。

第一のプロジェクトの必要時間が際限なく延びる

下図を見ればわかるように、第一のプロジェクトの納期が延びてしまった。そして仕掛かりのプロジェクトは3つになった。

さて、これを際限なく続けていくとどうなるだろうか？

同時進行のプロジェクトは増え続け、そして納期は常に遅れ続ける。これを表すと次ページの図のようになる。

重症化
すると……

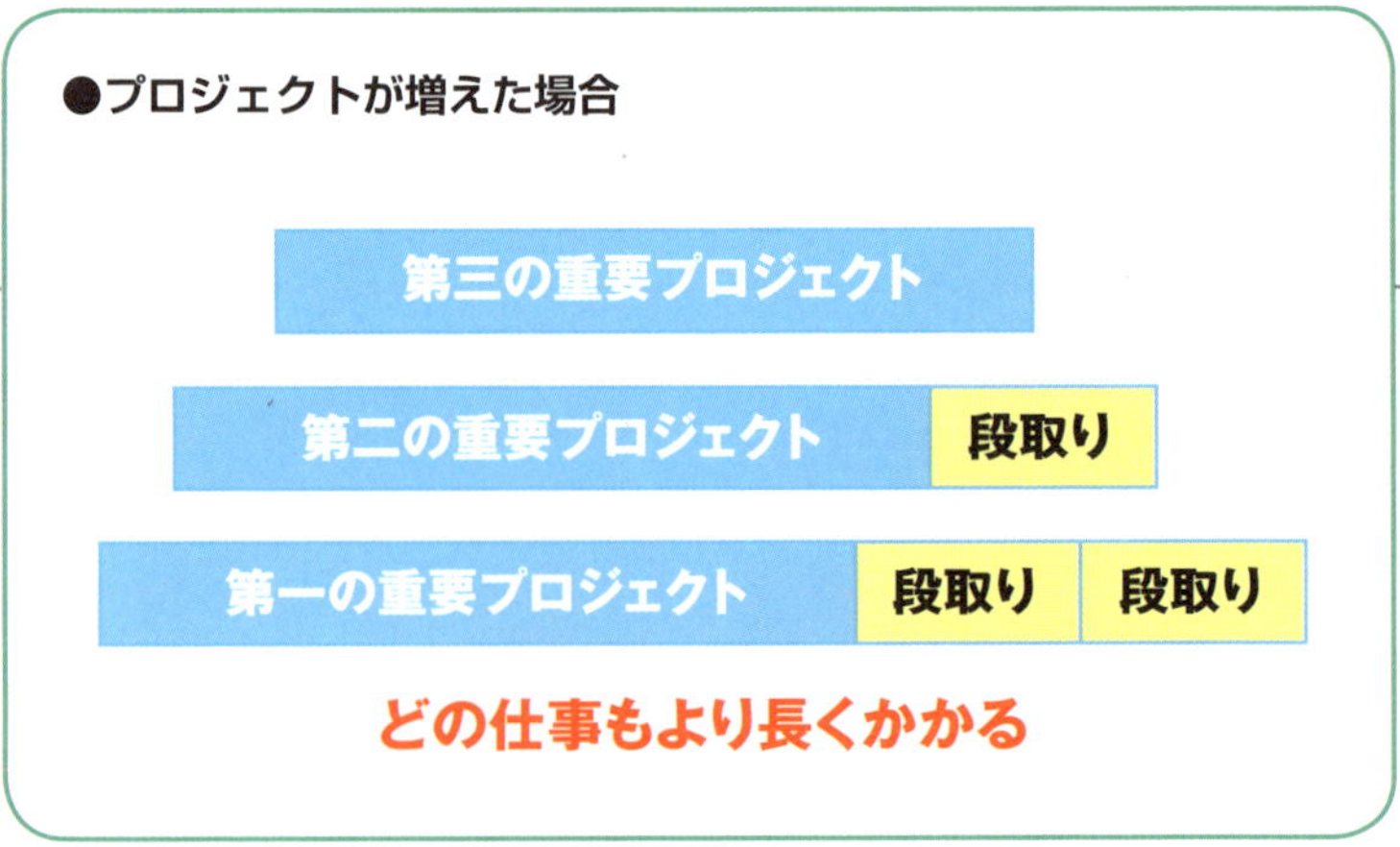
●プロジェクトが増えた場合
第三の重要プロジェクト
第二の重要プロジェクト
段取り
第一の重要プロジェクト
段取り
段取り
どの仕事もより長くかかる

常に積み上がるプロジェクトの数、そしていつまでたってもモノが出ない。

皿回しの日々だが、多くの場合は皿が割れてしまって、火消しの連続となるのである❼。この状況になると、ますますそれぞれのプロジェクトの期間が長くなり、さらに、モノが出なくなる。会社としては、この状況を放置しておくわけにはいかない。このために新しい経営改革プロジェクトが立ち上がる。ただでさえ忙しい現場に、新しい改革プロジェクトが入ることになり、さらに現場にはマルチタスクが蔓延《まんえん》することになってしまう❽。

❼おー、まさにこれは私の会社だと思った人はいますか？　世の中にはたくさんの同志がいることを知って大変うれしく思っています。一緒に問題を解決していきましょう！

❽それぞれのプロジェクトは、どれも大切なプロジェクトなのは間違いない。しかし、ここに落とし穴がある。組織のリソースが限られている中で、次々とプロジェクトを入れてしまうと、組織にはプロジェクトがあふれてしまうことになる。すると、組織全体の効率が下がってしまう。効率改善のプロジェクトを入れることで、組織全体の効率が下がってしまうという、笑うに笑えない事態もありうるのだ。組織全体の視点を持つことがいかに大切かおわかりになるであろう。

●増え続けるプロジェクト

常に積み上がるプロジェクトの数
際限なく続く皿回し！いつまでたってもモノが出ない
あれもこれも全部やらなきゃっ

プロジェクトを選択し、集中する

総論賛成、各論反対

明らかにプロジェクトの数が多すぎる場合、プロジェクトに優先順位をつける必要があるのは当然のこと。しかし、これを実際にやるのは本当にむずかしい。総論賛成、各論反対で、プロジェクトの数を絞り込むことには、誰もが賛成するが、いざ、自分のプロジェクトが外されるとなると、そのプロジェクトの担当マネジャーが大きな**抵抗**を示すからだ。自分のプロジェクトを後回しにされて喜ぶプロジェクトマネジャーはいないだろう。実際に、ここが、最初につまずくところなのだ。ここをどう突破するかが、もっとも重要なポイントである。

カラダで体感。マルチタスクゲーム

一番効果的なのは、プロジェクトの数の絞り込みを実際にやってみることである。やってみないとわからないことは多い。しかし、実際のプロジェクトでやるには、リスクが大きいと感じられることも少なくないだろう。そこで、10分以下でできるシンプルなゲームで、マルチタスクの悪影響と解決策を実感することが

TOC豆知識

抵抗

TOCの実践的知識体系の中でもっともパワフルなものの一つに、抵抗の6階層というものがある。それは次の通り。

●抵抗の6階層

1. 取り組もうとしている問題が問題であるとは思わない。
2. 解決しようとしているやり方に合意できない。
3. その解決方法で、問題が解決するとは思わない。
4. この解決方法を実行すると、ネガティブな問題が発生する。
5. 提案されている解決方法を実行するのに、障害があるので現実的ではない。
6. 知らないことに対する恐れ。

実際にやるのは人間なので、これらの抵抗をあらかじめ想定して、これを上から順番に一つひとつ、きれいに次のようにひっくり返すことで、相手の抵抗を逆に活用して、次のようにコンセンサスをつくっていく。

1. 取り組もうとしている問題

できるマルチタスクゲーム⑨をここで紹介する。

用意するのは、紙と筆記用具、そして、時計だけである。

設定は次の通り。

3つのプロジェクトを同時に受注、顧客は別々、どれも緊急案件で、特急納期が要求されている。どのプロジェクトの営業担当からも自分の案件が最優先と矢の催促。こんな中で、どうやって納期回答をするかということだ。

プロジェクトは、シンプルな次の3つの作業である。

▼プロジェクト1：1から20まで数字を書く

▼プロジェクト2：AからTまで合計20個のアルファベットを書く

▼プロジェクト3：○、△、×の3つをこの順番で20個書く

が問題であると思う。

2. 解決しようとしているやり方に合意する。
3. その解決方法で、問題が解決すると思う。
4. この解決方法を実行しても、ネガティブな問題は発生しない。
5. 提案されている解決方法を実行するのに、障害があってもそれを問題なく回避できる。
6. もう怖くない。あとは実行するのみ！

我々ゴールドラット・グループのメンバーは、この順番に則して、ワークショップを行なっている。言語も文化も違う世界各国で実践していても、相手の納得が早く、理解も得られやすいのには驚く。ぜひ、試していただきたい。

⑨このゲームは、ゴールドラットリサーチのCEOアラン・バーナード博士から教えてもらった。彼は、ゴールドラット博士をして、手放しに天才と言わしめるほどの人。モノゴトの本質に迫る鋭い考察と常にシンプルな解決策には、本当に、いつも驚かされてしまう。ゴールドラット博士の周囲には、こんな天才たちがウジャウジャいる。ちなみに、私は、Outer Space Being、つまり、地球外生命体といわれている。どうやらほめ言葉のようだが、いまだにその意味は不明。だが、スタートレックのファンの岸良としては、悪い気はしていない。

どれも、シンプルで簡単な作業だ。そこで、まず、試しに、プロジェクト1の練習で、1から10まで、参加者に書いてもらう。特急納期が要請されていることを念押しして、急いで1から10まで書いてもらう。10まで書き終わったら、手を挙げてもらう。

時計を見て、ヨーイ、スタート!

おそらく、ほとんどの人が5秒以内で手を挙げるだろう。

1から10まで書くのに5秒かかるということは、1文字にかかる時間は0・5秒ということになる。そこに倍のゆとりをみて、1文字1秒なら問題ないはずである。急げば、1文字0・5秒もかからないものを、ゆとりを持って、1秒をかけて、ちゃんと書く。3つのプロジェクトは、60文字を書くのだから、60秒あればちゃんと終わるはずである。ここで、実際の**ゲーム**を開始する。

▼ゲーム1:すべて同時に始める

どれも特急納期の要求であり、どれかを選択して、それに集中してほかを放っておくわけにはいかない。3つのプロジェクトを同時にスタートすることになる。つまり、プロジェクト1の数字の「1」を書いてから、プロジェクト2の「A」

TOC豆知識

ゲーム

ゴールドラット博士は物理学者であり、自然科学のアプローチをマネジメントに応用したのが、TOCの生い立ち。自然科学には、実験は欠かせない。小学校の理科の授業を思い出してほしい。モノが燃えるには酸素が必要と教科書に書いてあっても、あまりピンとこないが、実際に、自分で実験してみて、酸素がないと火がつかないことを経験すると、忘れられない納得感がある。何より実験は楽しいし、インパクトがある。TOCでは、同じアプローチで、ゲームという手段を使って、実験をしている。実際にこのゲームは楽しいし、驚くほど、再現性がある。ぜひ試してもらいたい。

を書き、そして、プロジェクト3の「〇」を書く。マルチタスクを想定しているので、一つのプロジェクトに集中できないことは、参加者に明確にしておく。納期は60秒であることを参加者に再確認して、全部終わったら、手を挙げてもらうことにする。

時計を見て、ヨーイ、スタート！

ゲーム1の結果は、ほとんどの人が60秒を達成できないだろう。平均で90秒くらいかかり、イライラする人もいるはずである。

▼ゲーム2：選択し、集中する

今度は、プロジェクトの優先順位を決めて、一つひとつ仕上げていくことにする。つまり、プロジェクト1の「1」から「20」まで全部やって、次に、プロジェクト2を全部やり、そして、プロジェクト3を全部やる。納期は同じ60秒であることを参加者に再確認して、全部終わったら、手を挙げてもらうことにする。

●ゲーム1：すべて同時に始める

プロジェクト1	プロジェクト2	プロジェクト3
1	A	○
2	B	△
3	C	×
4	D	○
5	E	△
6	F	×
7	G	○
8	H	△
9	I	×
10	J	○
11	K	△
12	L	×
13	M	○
14	N	△
15	O	×
16	P	○
17	Q	△
18	R	×
19	S	○
20	T	△

時計を見て、ヨーイ、スタート！

ゲーム2では、ほとんど、全員が60秒の納期を守れるだろう。平均で45秒くらい。人の顔も明るい。ここで、次の質問をする。

1. どちらのルールのほうが結果がよかったですか？
2. どのくらい結果はよかったですか？
3. なぜよい結果が出ましたか？
4. 品質はよくなりそうですか？
5. ストレスはどうですか？
6. キャッシュフローはどちらがいいですか？

実際には、ゲーム2で、約半分の時間でできているなら、同じ期間で、プロジェクトを倍にしても、完了することになる。同じ期間で、プロジェクトの完了数を倍にすることができれば、これを実践したときの**目覚ましい成果**はどうなるかはいうまでもないであろう。

ここでもう一つ大きな変化が起きる。一つのプロジェクトが完了するのにかかる時間は、おそらく、10～15秒の間であろう。プロジェクトの一つひとつが完了

TOC豆知識

目覚ましい成果

TOCの目覚ましい成果は、導入企業から積極的に公開されている。年に1回あるTOC-ICO（TOC International Certification Organization）の国際コンファレンスでは、多くの事例が公開される。CCPMの効果は、ミニマムで25％の期間短縮と一般にいわれているが、実際には、半分になったり、それ以上の効果がたくさん発表されている。私自身がかかわった事例も少なくないのだが、マルチタスクの悪影響は想像以上で、それをなくすだけでも、効果は想像以上に極めて大きい。イライラから解放され、集中できる環境がもたらすのは、納期短縮だけではない。人の心の面からも、とても大切なことなのだ。

ゴールドラット博士は「目覚ましいスタートを実現するためには、初期の一つひとつのアクションで、迅速に極めて大きな成果をもたらすことが必要である」と常に語っている。だから、最初は、マルチタスクをなくすことから始めるべきなのだ。

するたびにお金が入るのであれば、10~15秒ごとに、お金が入ってくることになる。ゲーム1では、60秒たっても、ほとんどプロジェクトが完了せず、お金が入らなかったことを思えば、財務面での効果は極めて大きい[10]ことになる。

プロジェクトを全部リストアップする

マルチタスクの悪影響[11]と、一つひとつに集中することのメリットを実感してもらったところで、プロジェクトの優先順位を決めていく。

まずは、現在あるプロジェクトをすべてリストアップする。社内外にかかわらず、マルチタスクを引き起

●ゲーム2：選択し、集中する

プロジェクト1	プロジェクト2	プロジェクト3
1	A	○
2	B	△
3	C	×
4	D	○
5	E	△
6	F	×
7	G	○
8	H	△
9	I	×
10	J	○
11	K	△
12	L	×
13	M	○
14	N	△
15	O	×
16	P	○
17	Q	△
18	R	×
19	S	○
20	T	△

⑩ゴールドラット・グループが、世界中で進めているプロジェクトを支援しているのは、CEO（Chief Executive Officer：最高経営責任者）はもちろんだが、もっとも熱心で、リーダーシップをとってくれているのは、CFO（Chief Financial Officer：最高財務責任者）である。これは財務的効果が短期的に望めるためと思っていたが、必ずしもそうではなく、全体最適に経営を舵取りし、現場に貢献したいとCFOの方々は常に願っており、TOCがその強力な武器になると直感的に感じる方々が多いからだと思うようになった。もしも、TOCの導入を全社で迅速に進めたいのなら、CFOを巻き込むのがよいというのは、国内外でもみな一緒のようだ。

⑪マルチタスク全部が悪いわけではない。複数のタスクを一つにまとめたほうが、仕事がはかどることもある。マルチタスクが悪いのは、ゲームで実験したような仕事の集中をそいでしまうような悪影響がある場合である。これをBad Multi-Task（BMT）と読んでいる。

こしている可能性のある、すべてのプロジェクトをもれなくリストアップする[12]ことが大切だ。

もしも、現在の現場で、リードタイムが長すぎる、納期遅れが多発している、残業が多すぎる、リソースが足りない、仕事がどんどん増えてくる、めまぐるしく優先順位が変わる、全部が最優先、などの**現実**があるなら、それは、マルチタスクが蔓延していることで起こる症状なのではないだろうか。こういう現場では、現場のリソースに対して、同時進行しているプロジェクトの数が多すぎると考えてよいといえる。

リストアップしたプロジェクトの優先順位を決めるのは、やってみると意外に簡単だ。しかも、リストアップしたプロジェクトの数が明らかに多すぎる場合は、プロジェクトを絞り込む必要が誰の目にも明らかになるので、よけいにやりやすくなる。

優先順位の評価項目を決める

ここで、どういう評価項目で優先順位をつけるかが課題となる。プロジェクトメンバー、プロジェクトマネジャーそれぞれの思惑はさまざま。その中で、部分最適に陥ることなく、全体最適で、優先順位は判断したいものだ。その場合、シンプルに、次の質問をプロジェクトメンバーや経営幹部にすればいい。

TOC豆知識

現実

ゴールドラット博士は、よく“Reality tells.”（現実は語る）という言葉を使う。そして、その現実に直面する勇気を持つことが大切だと教えている。現実は、症状としてちゃんとそれを知らせてくれている。それに気がつかないのは、我々がそれを真正面から見ようとしないだけであると語る。

現実に見えているのは、多くの場合、症状だ。さまざまな異なった症状も、それを引き起こしている原因を突き止めていくと、ほんのわずかの数の原因によって、引き起こされていることも少なくない。その原因と数々の症状の因果関係をクリアにしていく。するとモノゴトがすっきりとわかるようになり、解決策もシンプルなものになっていく。

この問題解決のプロセスが、TOCのもっとも基本となる知識体系である「思考プロセス」だ。この本で紹介されているCCPMの数々の処方箋も、この思考プロセスで開発されたものである。ご興味がある場合、拙

「経営の視点で、どういう評価項目で優先順位をつけるべきなのでしょうか?」

「経営の視点で」と前置きすることで、会社全体とか、組織全体の経営幹部の視点で、みんなが評価項目を考えるようになる。プロジェクトメンバー、プロジェクトマネジャー、経営幹部にかかわらず、みんなに評価項目のアイデアを自由に出してもらおう⑬。そのうえで、同じようなものをカテゴリーすると、今期の売上げ、利益率、経営理念、将来への投資、顧客満足、戦略的重要性、社員のモチベーションなどの数個の評価基準に落ち着いてくる。この評価基準の中で、みんなでワイワイガヤガヤしながら、評価していけばいい。

評価ではよく点数で重みづけをしたりすることがあるが、私はあまりおすすめしていない。点数の代わりに、◎、○、△、×、☆などの記号で、優先順位を検

著全体『最適の問題解決入門』をご一読いただきたい。

⑫私がかかわった多くの現場では、プロジェクトメンバーの数よりもはるかに多いプロジェクトの数が現場に存在していることが判明することがほとんどだ。正式なプロジェクト以外に、過去に始まり、今は誰も見向きもしなくなった改善プロジェクトが見つかったり、現場がよかれと思いやっているプロジェクトがあったり、誰かの大きな声で始まったプロジェクトや、経営幹部が思いつきで話をしたことがいつのまにかプロジェクトになっていたりなど、次から次へと出てくるプロジェクトの数に驚かされてしまう。こんなことが、全国に蔓延していないことを望んでいるのだが、なぜかこの話をセミナーですると、参加者の反応がいやに大きいことに、背筋が寒くなってしまうのは私だけだろうか?

⑬みんなで参加して、評価基準について議論するのは大切なことだと思う。モチベーションとは自己起因性から来るという学説があるが、評価基準の作成の議論に多くの人に入ってもらうことで、自分も参加したという気持ちになるし、その場で、コンセンサスも生まれる。CCPMが、人のモチベーションを上げ、人を育てるというのは、実践者の共通の感想である。これについて詳細を知りたい方は、神戸大学の金井教授との共著『過剰管理の処方箋』(かんき出版)を参考にしていただきたい。

討するようにしている。ほかの評価基準がたとえ低くても、将来への戦略的投資のために、会社としては極めて重要で、どうしてもやらなければならないものがある。そういう場合に、☆をつけて、必ずやるようにすることも経営判断としては必要だからだ。前述した評価項目に加えて、経営判断という項目を加えるのもよいだろう。こうした点を踏まえて、**全体の視点**から優先順位を議論していく。

プロジェクトの数はどのくらいに絞り込むべきか

プロジェクトの数はどのくらいに絞り込むべきだろうか？　少々絞り込んでも、簡単にマルチタスクはなくならないかもしれない。一方で、あまりに絞り込みすぎたら、リソースが手持ちぶさたになり、生産性が大幅に下がる可能性がある。

もしも、現在の現場が、リードタイムが長すぎる、納期遅れが多発している、残業が多すぎる、リソースが足りない、仕事がどんどん増えてくる、めまぐるしく優先順位が変わる、全部が最優先、などの状況が見られるなら、それは、プロジェクトが渋滞している状況ともいえるかもしれない。

ここで、考えていただきたい。一つひとつのプロジェクトについて、誰かがプロジェクトのタスクを実際に行なっている時間（実際に触っている時間なので、これをタッチタイムという）と、なんらかの理由で、必要なリソースを待っていたり、承認を待っていたりして止まっている時間（これを英語でQueue Time、

TOC豆知識

全体の視点

今までも、一つひとつのプロジェクトは、経営幹部も入って、それぞれ精査され、実行することを判断しているはず。それぞれのプロジェクトが、重要であることはいうまでもない。しかし、そこに落とし穴がある。一つひとつ精査し、実行することを判断すること、それ自体が実は個別の判断であり、ともすれば、組織のキャパシティーという全体の視点を欠いてしまうことも少なくないのだ。

組織にあるすべてのプロジェクトを全部書き上げることで、現在進行しているプロジェクトの数の実態が明らかになる。すると、組織の現実のキャパシティーを考えて、経営幹部、現場が一緒になって、全体の視点で議論することが可能になる。そして、みんなが、個々の判断も、全体の視点の中で行なわれることが大切だと実感する。

ゴールドラット博士は「オープンでクリアな全体像は極めてパワフルなものである」と語る。TOCのさまざまな手法の数々は、オープンでクリアな全体像

キュータイムという）。タッチタイムとキュータイム、どちらが長いだろうか？
もしも、キュータイムのほうが圧倒的に長いと感じられるなら、あなたの周りの現場は、渋滞状態である可能性が高い。

高速道路の例を考えてほしい。クルマがスイスイ走っているときは、渋滞がない。止まっているときは、渋滞している。渋滞しているとあなたはどうなるだろうか？　イライラする？　もしも、現場がイライラしているようであれば、渋滞状態である可能性が高いといえる。

高速道路で、時速100キロで100台走れる設計をしても、実際に100台クルマが走ったら渋滞してしまう。時速100キロで100台全部が正確に走れるわけではない。100キロちょうどで走るクルマもあれば、100キロよりも少し早く走るクルマもあるし、100キロより、少し遅く走るクルマもある。そういったバラツキがある中では、おおよそ、想定のキャパシティーの80%を超したところから、渋滞が始まり、いったん渋滞が始まると、どんどん渋滞は長くなっていく[14]。

渋滞の列が長いということは、クルマがノロノロしていたり、止まっている時

[14] これは、「待ち行列の理論」として、一般的に知られているもので、渋滞のみならず、情報通信などでも広く活用されている理論である。

で、個々の判断が、すべて全体の視点の中で自然に実現できるようにしたものなのだ。

間が長いということ。もしも、プロジェクトがノロノロしていたり、止まっている時間が長いとしたら、このシステム全体のキャパシティー（容量）の80％を超えて、たくさんのプロジェクトがあなたの組織にある可能性が高い[15]ということになる。

もしも、それが当てはまるなら、どのくらいプロジェクトを絞り込まなければならないかが、明らかになる。10％絞り込んでも、まだ90％の状況では、渋滞中だ。20％絞り込んでも、まだ80％。これは渋滞の始まりで、まだ渋滞を解消するには不十分な可能性がある。

それならば、25％絞り込んだらどうだろうか[16]？　渋滞がなくなり、スイスイと快適にクルマが通るようになる。つまり、プロジェクトの数は、25％絞り込むことが、渋滞解消の目安となる。

[15] 言い換えると、プロジェクトの待ち時間が長ければ長いほど、渋滞解消の効果は大きいことになる。渋滞のときと、渋滞なしのときのクルマのスピード差を考えてみてほしい。日本のみならず、世界各国で、プロジェクトの期間が半減したり、４分の１になったりする事例があるのも不思議ではないのではないだろうか？状況が悪ければ悪いほど、目覚ましい成果が出やすいということで、これは朗報ともいえる。

[16] 25%は、あくまでも目安だ。もしも、あなたの現場が極度の渋滞状態であるなら、ちゃんと現状のリソースを考えて、みんなで議論して、適切なプロジェクトの数を決めることが大切だ。

●待ち行列の理論で渋滞解消を考える

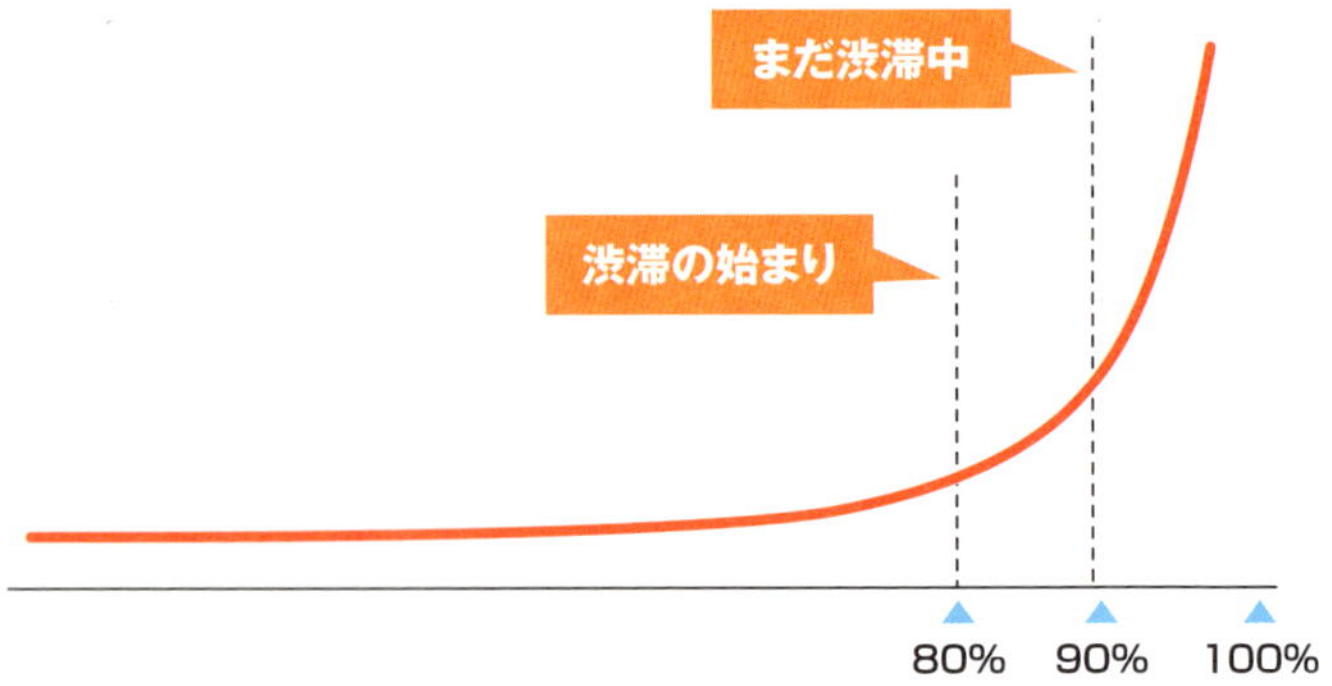

「集中」を本当に実践する極意——今はやらない

今はやらないだけ

プロジェクトの数を絞り込むと、それに外れたプロジェクトがいかにも見捨てられた気がするかもしれないが、それは違う。先ほどのゲームで体感した通り、絞り込んだプロジェクトでは、マルチタスクなしに、はるかに早く、そして品質よく、手直しが少なくプロジェクトが完了する。完了したら、当初の絞り込みに外れたプロジェクトを優先順位通りにすぐに始めればよい。それらのプロジェクトもマルチタスクなしで進む⑰ので、プロジェクトのスピードは速く進む。結果的には、みんな早く完了する⑱ことになるのだ。

⑰マルチプロジェクトそのものが悪いというわけではない。それは現実だ。問題は、マルチタスクの悪影響を引き起こしてしまう、度を超したマルチプロジェクトである。現場にマルチタスクが起きないように同時進行のプロジェクトの数を絞ることによって、まずは、現場が一つの仕事に集中できるようにする。すると、現場の仕事ははかどるし、質もよくなることになる。

⑱遅く始めることで、全部早く終わるというのは、『渋滞学』のベストセラーで有名な東京大学の西成活裕先生の実験でもわかる。興味のある人は、YouTubeで公開されている彼の実証実験を見てほしい。「西成教授」「渋滞学」の二つのキーワード検索で見つかるはずだ。

プロジェクトを選択して、集中する。マルチタスクなしに一気に終わらせる。選択されたかったプロジェクトも「今は」やらないだけ。プロジェクトを絞り込むことによって、解放されたリソースを活用して、万全な準備をする。そして、選択されたプロジェクトが片づいたら、すぐに、次のプロジェクトに取りかかり、集中して一気に終わらせる。やらないのではない、「今は」やらないだけ。そして、結果的に全部早く完了する。

さて、33ページに示した図を再度、ここで見てみたい。「新しいプロジェクトをなるべく早く完了する」ことと「既存のプロジェクトをなるべく早く完了する」という要望が、プロジェクトの選択と**集中**によって、両方とも満たすことが可能なのがおわかりになるであろう。

今はやらないプロジェクトは万全の準備をする

プロジェクトの数を絞り込むと、今はやらないと決められたプロジェクトで活用される予定であったメンバーはやることがなくなるし、また、この担当のプロジェクトマネジャーは困惑するかもしれない。だが心配ない。

プロジェクトの数を絞り込んだということは、その分のリソースが解放されたということであり、そのリソースを今やると決めたプロジェクトに手厚く配置して、プロジェクトの完了を加速すればよい。また、今はやらないと決めら

TOC豆知識

集中

TOCの応用範囲は広く、産業界のみならず、行政、教育分野、医療、そして人生にいたるまで世界中で活用され、その裾野はいまだに広がっている。しかし、一方で、広い分野をカバーすればするほど、また、実践を続け、理解が深まるにつれて、世界中の関係者がみな何か同じ共通の本質を感じるようになってきた。

それを議論していたのは、2009年のブラジルでのランチの会話である。博士は、ひらめいたように、一つの言葉でTOCを表現できると言い出した。それは、"Focus"（集中）である。ただし、集中というのは、「言うは易く行なうは難し」である。博士は、それも看破する。「集中は、Not To Do（やらない）ということを決めることではじめてできる。TOCの辞書では、Focus は To Do よりも、Not To Do のほうが大事なのだ」と語ってくれた。

この一連のことは、McGraw-Hill社から出版されている『Theory Of Constraints Handbook』の中でゴールドラット博士がTOCとは何かという論文の中で書いている。英語ではあるが極めて読みごたえのある内容である。参考にしてほしい。

3

れたプロジェクトの担当マネジャーは、この期間を利用して、万全な準備をする。

マルチタスクの次に問題が大きいプロジェクトの遅れの原因は、準備不足である。プロジェクトの目的も、成功基準も明確でないまま、必要なタスクも明確にせず、そのタスクの作業に必要なリソースもちゃんとわかっていない中で、ずるずるといつのまにかプロジェクトがスタートしてしまうことも少なくない。目標を共有し、成功へのシナリオの工程表をつくり、必要なタスクとリソースを明確にして万全な準備をする。それが、次のプロジェクトの成功の確率を飛躍的に高める。

次の章から、目標のすり合わせの仕方、成功へのシナリオの工程表のつくり方を議論していく。

●対立解消

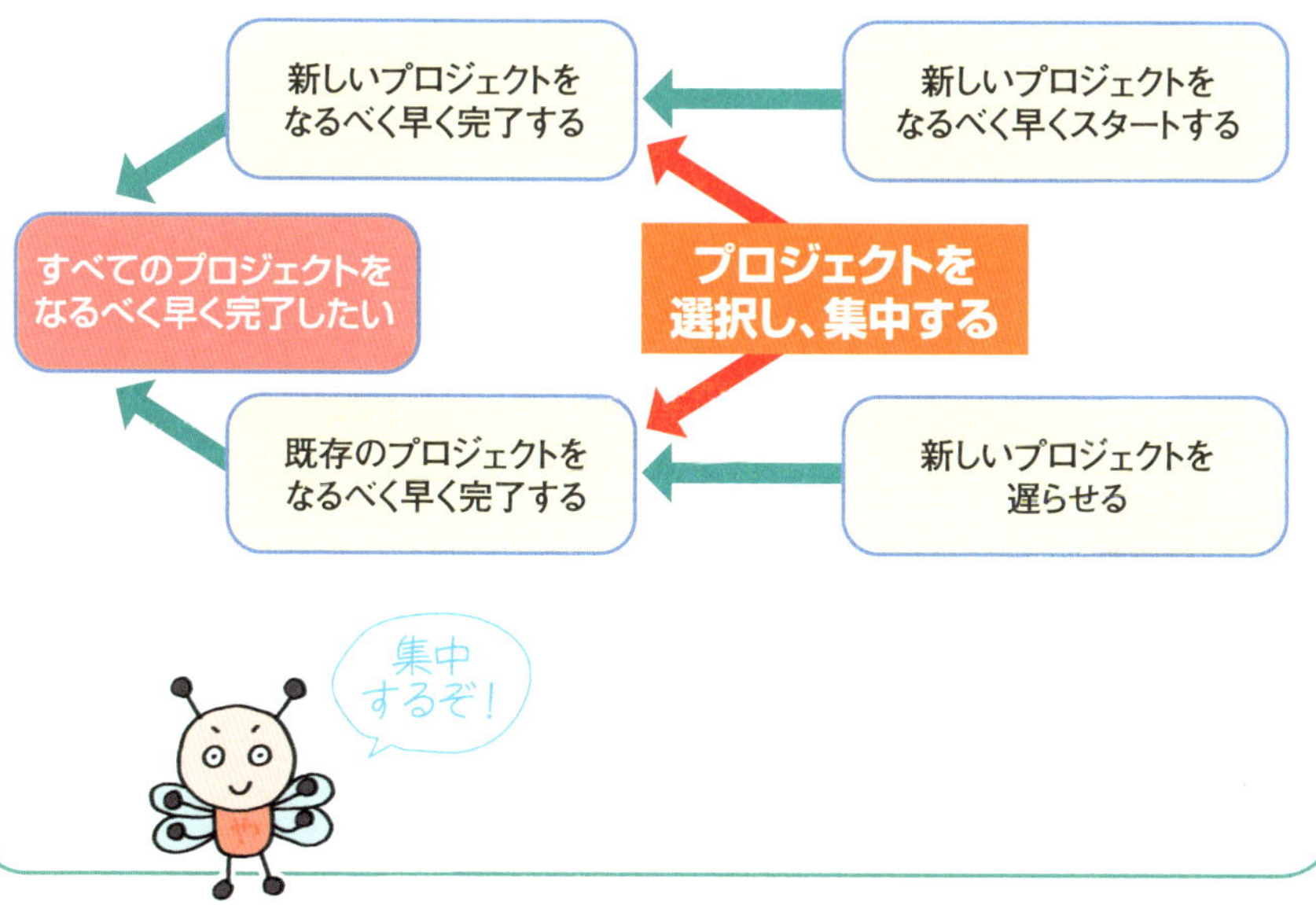

新しいプロジェクトをなるべく早くスタートする
新しいプロジェクトをなるべく早く完了する
プロジェクトを選択し、集中する
すべてのプロジェクトをなるべく早く完了したい
新しいプロジェクトを遅らせる
既存のプロジェクトをなるべく早く完了する
集中するぞ！

しんぱい虫の物語

You Tube でも
アニメ公開中！

この物語の出演虫

チョーやる虫　べき虫　しんぱい虫　あんしん虫

むかしむかし、プロジェクト村という村に「チョーやる虫」が住んでいました。「チョーやる虫」は困っているプロジェクトがあると真っ先にかけつけ、次々とむずかしいプロジェクトを成功させます。
人一倍まじめで思いやりもたっぷり、みんなに頼りにされる頼もしい存在です。

とうとう、みんなから村長になってほしいと頼まれました。
好きだった現場から離れるのはさびしいけれど、みんなのために、よりよい村にするため、村長としてがんばることにしました。

でも村長になってしばらくして、困ったことが起きました。

まったく現場がわからなくなってしまったのです。

以前は現場に行けば、鋭い嗅覚で問題のにおいをかぎわけ、すぐれた触覚で雰囲気を察して、問題が手遅れになる前に見事に先手を打てたのですが、離れていては自慢の嗅覚や触覚も役に立ちません。

「俺だったらこうするのに……」

心配で、イライラしてきます。

でも「チョーやる虫」村長は負けません。
何か方法がないか探っているうちに世の中にはたくさんの管理手法があることを知りました。
さっそく手法を取り入れ、わざわざ現場に行かなくても現場を管理できるようになりました。もう大丈夫！

ところがどうでしょう……。
工程表や数字を見ても、現場がよく見えないのです。
工程表や数字が示すグラフと現場の現実とがあまりにも違うのです。
ますます心配になってきた村長のイライラは増すばかり……。

村長は、物知りで有名な「べき虫」に相談してみることにしました。

すると「もっともっと管理すべきです！『見える化活動』すべきです！」と教えてくれました。

自慢の嗅覚と触覚を使えないなら、視覚に頼るしかありません。そこで村長は、「見える化活動」に取り組むことにしました。

ありとあらゆる先進的な管理方法を取り入れます。

今度こそ大丈夫!!

たしかに「見える化活動」はスゴイ威力で、日々の数々の進捗報告がハッキリと見えてきます。
ところが、それと同時に現場の問題も細かいところまでハッキリ見えてきます。村長のイライラは解消されるどころか、ますますつのっていくばかり……。
「これはどうなってる？」「なんでこんなことやってるんだ？」「どうしてこんなことになるまで放っておくんだ???」
みんなを集めて問題を議論する会議が増えます。

8

一方、現場のほうでも大混乱。
村長への膨大な報告作業、どんどん増える会議のせいで肝心のプロジェクトを作業する時間がどんどん減ってしまいます。
「村長になってもらってから、仕事が全然はかどらない」
以前はあれほどみんなに頼りにされていたのに、今ではみんなの嫌われものです。

9
しんぱい
しんぱい

そんな日が続いたある朝、村長が起きると体に異変が起こっていました。

足に、電卓と虫眼鏡とアメとムチがくっついています。

いつのまにか重箱の隅をつつくような動きをするようになりました。

そうです。「しんぱい虫」に変わってしまったのです。

10

数字を計算したり細かいところまで見たり、隅から隅まで現場を管理するには便利な体になりましたが、ますます心配な日々が続きます。
そして、「しんぱい虫」村長が心配すればするほど、現場ではだんだん心配させないように念のため作業にサバをよむようになってきました。
電卓と虫眼鏡を使えば使うほど、みんなサバをよみ、アメとムチを使えば使うほど、みんな助け合いの気持ちをなくし自分のことだけ考えるようになりました。
とうとう現場は「サバよみ虫」だらけです。

11
話題のCCPMガス
さらにパワーアップ
マルチプロジェクトタイプ登場！
組織全体に効果テキメン！
ぜひお試しください！！

困り果てたある日のこと、村長は新聞に「サバよみ虫」退治の特効薬CCPMガスがさらに進化したというニュースを見つけました。

「そういえば、昔CCPMガスに救われたことがあった！　パワーアップしたものなら、すごい威力に違いない……」

村長はさっそく試してみることにしました。

12

するとどうでしょう!!!　あっというまに、みんな「やる虫」に戻りました。

13

そして、細かい管理をしなくても、村中のプロジェクトの様子がゆとりを持って一目で見えるようにもなりました。
緑のときは心配なし。黄色のときはそのプロジェクトに注目して対策を考え、赤になったらすぐに助け合えるようになりました。
こうしてプロジェクトのどこかで問題になっても、みんな自然に助け合えます。村中明るく、楽しくなっていきます。
村長はまるで昔の「チョーやる虫」時代に戻ったような楽しい気持ちになり、心配は消え、重箱の隅をつつくような動きもしなくなりました。

14

そして、ある朝起きてみると、体から電卓、虫眼鏡、アメ、ムチのすべてが外れていました。

そして、左手にはウチワが……。

ウチワにはゆとりの文字が見えます。

そうです。

「あんしん虫」に変わったのです。

15

「あんしん虫」村長の周りにはいつも笑顔が絶えず、みんなが助け合い、毎日が楽しくて仕方ありません。

まるで遊んでいるようですが、仕事はスゴイスピードでどんどん進みます。

そして、みんな「チョーやる虫」に進化していきます。

村は大評判になり、あちこちから仲間になりたいと集まってきます。

こうして、村はいつまでもいつまでも栄えました。

めでたし、めでたし。

パート2のまとめ

- マルチプロジェクト環境が世の中の現実
- マルチタスクの悪影響をゲームで体感する
- プロジェクトの優先順位を組織全

体の視点から検討する

- 「今はやらない」ことで、「集中する」ことが可能になる
- 「今はやらない」と決めたプロジェクトでは万全の準備をする

Part 3

目標を共有せよ!

ODSC

目標すり合わせ

- **プロジェクトの目標をすり合わせるODSC**

極意其の一：進行役は若手がよい

極意其の二：目的は自由に議論、言われたことをそのまま書く

極意其の三：目的と手段をはき違えない

極意其の四：ODSCは経営幹部とすり合わせする

- **ODSCで経営理念を実践**

- **ODSCで人材育成**

プロジェクトの目標をすり合わせるODSC

あいまいな目標設定

プロジェクトの多くの問題、いや大半の問題は目標❶が明確でないことだ。ひどいときは、「世界一の製品をつくる」というあいまいな目標をプロジェクトの目標としてしまう。意気込みだけはわかるが、現場は言葉を失ってしまう。そんなことを私はたくさん経験してきた。

さらに、市場は常に変化している。競合他社がいつ何をしてくるかわからない。だから、先のことを考えても意味がない。プロジェクトの不確実性は高いし、とにかく今できることを手当たり次第にやってしまいがちになる。「少し進めば次のステップが見えてくるさっ」と考えてプロジェクトを進めてしまうのである。このためプロジェクトの最中に仕様が二転三転したりして、ひどいときには目標まで変わってしまい、現場が混乱するのが日常茶飯事ではないだろうか。

TOC豆知識

ODSC

ODSCは、Avraham Y. Goldratt Institute 社の Dee Jacob 氏が開発したものである。私が、TOCの国際大会で発表した「三方良しの公共事業改革」の内容にいたく感激してくれ、特にODSCを日本語で「目標すり合わせ」と説明したのをとても気に入ってくれて、「私もSURIAWASEって呼ぼうかしら！ ODSCについて、名前をつけてほしくて、今までいろいろな方面から案をいただいたけど、SURIAWASEが一番気に入ったわ！」と言ってくれた。ときには、日本語のネーミングもよいものである。

プロジェクトの目標をみんなですり合わせるODSC

プロジェクトの目標をみんなですり合わせるために、とてもシンプルで、やさしく、しかもパワフルな方法がある。それが、**ODSC**だ。OはObjectivesで目的、DはDeliverablesで成果物、SCはSuccess Criteriaで成功基準、それぞれの略である。それを下のような表にまとめていく。

具体的に実践するのは、実に簡単だ。目的に関しては「目的はなんですか？」、成果物に関しては「成果物はなんですか？」、そして、成功基準に関しては「成功基準はなんですか？」と聞くだけである❷。これなら誰でもできるだろうし、ミーティングの場で若手に進行役をやってもらうこともできる（実践するにあたり、本書のカバー裏にある「CCPMの3つの段階とパワフルな質問集」を活用していただきたい）。

❶目標はわからないけれど、納期だけが決まっているというプロジェクトがなんと世の中に多いことか……。

❷この質問をするだけでも、プロジェクトの実態がよく見えてくるのには、実践していて毎回驚かされる。あるシステムプロジェクトのODSCを作成したときのことだが、目的は「システムを導入すること」、成果物は「システムを導入すること」、成功基準は「システムを導入すること」、となってしまったプロジェクトがあった。お察しの通り、もちろん、このプロジェクトがうまくいくはずがない。読者からの感想にもそういう話が多いのには驚いてしまう。一方で、目標を共有するだけで、問題の多くが解決してしまうことも多くある。もしも、今、心配なプロジェクトがあるのなら、試してみることをおすすめする。

● ODSCシート（例）

目標「世界一の製品をつくる」

目的 Objectives	
成果物 Deliverables	
成功基準 Success Criteria	

極意其の一

進行役は若手がよい

進行役については、ベテランではなく、若手がやることをおすすめしている。ベテランが進行役を務めると、ベテランの顔色をうかがうように議論が進むことがある。これだと自由に議論ができない可能性がある。目標すり合わせは、自由に議論したうえで、現場のメンバーの腹に落ちることが大切である。若手が進行役の場合、みんな自由に議論に参加できるし、メンバーみんなが若手に教えるような方向で議論が進むことになる。ベテランがそれを見守りながら、必要に応じて議論の助け船を出してやるのが一番よい形のようだ。

たとえば、「世界一の製品をつくる」という先ほどのあいまいな目標に対して、ODSCで検討してみよう。

▼目的 Objectives

目的について次の質問をまず繰り返す。

「目的はなんですか？」

「ほかにありませんか？」

世界一の製品をつくる目的はなんだろうか？　まず目的を明確にしていく。それをプロジェクトメンバーの中で議論する。世界一の製品をつくる目的……。世

界一の製品でかつてない儲けを実現することが目的かもしれないし、競合を打ち負かし、圧倒的なシェア獲得することが目的かもしれない。世界一の製品であれば、すばらしい製品でお客様をハッピーにできるし、どれだけすばらしい社会貢献になるか計り知れない。こうしてみんながワクワクする世界一の製品をつくる目的を、プロジェクトメンバーで自由にどんどん議論していく。

ある程度、プロジェクトの目的が出てきたら、次の質問をする。

「財務、顧客、業務プロセス、成長と育成❸、経営理念、社会貢献の視点は入ってますか？」

プロジェクトにはメンバーだけでなく、営業などのほかの部署、経営幹部、クライアント、協力業者など、たくさんのステークホルダーが存在する。実際に、それぞれのステークホルダーはそれぞれの立場を背負い、それぞれに思惑を持っているものである。それをプロジェクトの目的の議論で拾い上げておくのは大切なことである❹。

❸財務の視点、顧客の視点、業務プロセスの視点、成長と育成の視点の４つは、バランスト・スコアカードの視点である。この４つの視点をプロジェクトの目的に入れると、たしかにバランスのよいものができる。
さらに加えて、経営理念や社会貢献の視点を入れると、本当によいODSCができあがる。私自身、多くの経営幹部の方々が、できあがったODSCを見て、「本当にこれを現場がつくったのか！」と感激されるシーンをたくさん見てきた。経営理念や社会貢献をポスターとして壁に張るよりも、現場に浸透させるのにずっと効果的だと感想をいただくことが多い。

❹最初に、ステークホルダーの思惑を拾い上げておかないと、後で、「私が期待していたのはこうではなかった」と言われてしまう可能性がある。後出しジャンケンのようで、後味が悪い経験。私自身何度苦い思いをしたことか……。

今まで議論した点を振り返ると、成長と育成の視点が足りないかもしれない。成長と育成の視点から考えると、このプロジェクトでＣＣＰＭを学ぶことで、若手を育成することもできるかもしれない。こうしてどんどん自由に目的を議論していこう。

●世界一の製品でかつてない儲けを実現する
●競合を打ち負かし、圧倒的なシェアを獲得する
●すばらしい製品でお客様をハッピーにする
●世界一の製品ですばらしい社会貢献をする
●このプロジェクトでＣＣＰＭを学んで、期間短縮をプロセスとして実現する
●若手を育成する

極意其の二　目的は自由に議論、言われたことをそのまま書く

目的の議論はなるべく自由にやってほしい。ほかのメンバーが聞いて「なるほどー」と思うような目的が自由に出てくることで、お互いの一体感も高まってくる。また、言われたことを、そのまま言われた通りに書くことも重要だ。自分の言ったことを少しでも進行役が修正を加えると、何か自分の言葉でない気がすることもあると思う。一方で、言った言葉をそのまま書くと、言った本人のやる気が高まることも少なくない。モチベーションは自己原因性から生まれる[5]といわ

れるように、本人の言葉が入ることは本人のモチベーションを上げることになる。方言などをそのまま入れるのも効果的だ。同じような目的が出てきても構わない。いくつでも参加者全員の言葉が入るように書いていく。モチベーションを上げる小さな工夫だが、プロジェクトは人が行なうものという現実を考えれば、効果は大きいのでぜひお試しいただきたい。

成果物 Deliverables

成果物について、次の質問をまず繰り返す。

「成果物はなんですか？」
「ほかにありませんか？」

前述した目的達成のために具体的には何をつくるのか？　製品だけか？　いや、製品だけではない。マニュアル[6]も必要だ。いやその製品を紹介するホームペー

[5]プロジェクトとモチベーションについては、神戸大学の金井先生との共著『過剰管理の処方箋』を参考にしてほしい。

[6]こういう議論をしていくと、プロジェクトメンバーはたいてい製品そのものの開発ばかりを気にしていることが多いことが判明する。しかし、机上で議論した目的を達成するためには商品以外に、意外にも書類とか普段は重視していないものが、逆に一番重要だったりすることを発見することが多い。プロジェクトの後期になって、こういう書類系のものが必要なのが発覚して、商品リリースが遅れるという事例は後を絶たない。逆に、最初に書類を明確にしておくことで、段取りがよくなり、プロジェクトのタスクの期間が大幅に短縮されるなんてこともある。

ジも、カタログ[7]も必要だ。パッケージも必要だ。このように、プロジェクトの成果物で何をつくるのかを明確にしておく。

- ●新製品X
- ●マニュアル
- ●パッケージ
- ●カタログ

極意其の三

目的と手段をはき違えない

成果物の議論をしていて、多くの方々が気がつかれることだが、プロジェクトでこれからつくる成果物は、目的ではなく、前に目的で挙げた項目を達成するための手段にすぎないということだ。「目的と手段をはき違えるな！」という言葉はよく聞かれるが、わかっていても、実践するのはむずかしい。しかし、「目的はなんですか？」「成果物はなんですか？」と質問する議論では、目的と手段を明確に分けて考えることができる。質問は、命令よりもパワフルで、簡単、そして、実践的なことも多い。

▼成功基準 Success Criteria

前述した二つの議論で具体的に何を目的として、そして何を成果物としてつく

❼この時点でカタログをつくってしまうことは極めて強力な商品企画の武器となる。世界一の製品のイメージを関係者で作成していくころには、みんなの目が活き活きと輝いてくるのはよくあることである。詳しくは拙著『実学社長のマーケティング』（中経出版）を参照されたし。

るかがメンバーの中で共有されてくる。それを具体的に測定できる言葉として成功基準を明確にしていく。ここでは、すでに議論された、目的の項目を一つひとつ読み上げて、次のように質問していく。

「この成功基準はなんですか？」

「世界一の製品でかつてない儲けを実現する」という目的に対しての成功基準はなんだろうか？　かつてない利益率だから、たとえば「かつてない利益率○○%」になるかもしれない。「競合を打ち負かし、圧倒的なシェア獲得する」という目的なら、「売上げ○○億円、シェア○○%」となるかもしれない。「すばらしい製品でお客様をハッピーにする」の成功基準は、「お客様の満足度○○%」となるかもしれない。「世界一の製品で社会貢献をする」の成功基準は、「環境性能で○○賞を受賞する」となるかもしれない。「このプロジェクトでCCPMを学んで、期間短縮をプロセスとして実現すること」の成功基準は、「開発期間短縮○○%」となるかもしれない。こうして目的で挙げた項目を丁寧に一つひとつ、測定できる成功基準に落とし込んでいく。

ところで、「若手を育成すること」の成功基準はなんだろうか。多くの目的の項目は、達成できたかできないかを定量的に評価できるが、「若手を育成すること」のような定性的で、評価しにくいものについては、どう成功基準を書くのかむずかしいところだが、うまい方法がある。それは、「……と言う」または「……と言わせる」というものだ。若手の成長ということで願っているのは、具体的にはプロジェクトに参加している若手のA君の成長ということかもしれない。ならば、A君がプロジェクトが終わった後に成長したとみんなが感じる成功基準は何か？　それを議論していく。「プロジェクトが終わった後、『次のプロジェクトは俺に任せてください！』とA君が言う」とか、「普段は滅多に若手をほめることのないX部長に『ものすごく成長したなぁー！　次も頼むぞ！』と言わせる」と書いたらどうだろうか。

こういうふうに表現したとたんに、その光景が目に浮かび、一同がやる気になり、プロジェクトの最中に苦境にさらされても、A君に「それで、X部長は『ものすごく成長したなぁー！　次も頼むぞ！』と言ってくれるか！」とゲキを飛ばし、気合を入れることもできる。定性的な目的こそ、成功基準をきちんと書くことで、メンバーのやる気をより高めることがよくある。

よい成功基準の場合、目的で挙げられた複数の項目をカバーしてしまうことも少なくない。「滅多にほめない上司が、『すごい！』と言う」なんていう成功基準だと、それ一つで、目的に挙げた項目すべてを網羅してしまう場合さえある。

極意其の四

ODSCは経営幹部とすり合わせする

ODSCができあがったら、ぜひ経営幹部とすり合わせをしてほしい。理想的には、経営幹部がODSC作成の議論に参加するのが望ましいが、忙しい経営幹部の方々が毎回参加するのは現実にはむずかしい。その場合、みんなで作成したODSCを経営幹部に見てもらいすり合わせをする。

ODSCには、財務の視点、顧客の視点、業務プロセスの視点、成長と育成の視点、経営理念の視点、社会貢献の視点が入っている。だから、現場が作成したODSCを見ると経営幹部が感激して、全面的支援を申し出ることも少なくない。また、経営幹部ならではの視点からのアドバイス❽ももらえるだろう。それが、経営幹部とプロジェクトの現場のつながりを強めていくのはいうまでもない。

❽経営幹部のアドバイスを取り入れるということは、経営幹部の自己原因性を高めることになり、それがプロジェクトを成功させるために、経営幹部が現場を支援するモチベーションにもつながるということになる。

●かつてない利益率○○%

●売上げ○○億円、シェア○○%

●お客様の満足度○○%

●環境性能で○○賞を受ける

●開発期間短縮○○%

●普段は滅多に若手をほめることのないX部長が、「ものすごく成長したなぁー！　次も頼むぞ！」と言う

繰り返しになるが成功基準は常に測定できるものでなければならない。「普段は滅多に若手をほめることのないX部長が、『ものすごく成長したなぁー！　次も頼むぞ！』と言う」も測定できる明確な基準[9]だ。

ODSCができたら、再度読み返す。そして次の質問をする。

「これが全部できたら最高です

●世界一の製品をつくるぞ！　プロジェクト

目的 **Objectives**	●世界一の製品でかつてない儲けを実現する ●競合を打ち負かし、圧倒的なシェアを獲得する ●すばらしい製品でお客様をハッピーにする ●世界一の製品ですばらしい社会貢献をする ●このプロジェクトでCCPMを学んで、期間短縮をプロセスとして実現する ●若手を育成する
成果物 **Deliverables**	●新製品X ●マニュアル ●パッケージ ●カタログ
成功基準 **Success Criteria**	●かつてない利益率○○% ●売上げ○○億円、シェア○○% ●お客様の満足度○○% ●環境性能で○○賞を受ける ●開発期間短縮○○% ●普段は滅多に若手をほめることのないX部長が、「ものすごく成長したなぁー！次も頼むぞ！」と言う

財務の視点　顧客の視点　業務プロセスの視点　成長と育成の視点

経営理念の視点　社会貢献の視点

みんなで読み返してみて
ワクワクする目標であればOK！

か？」

読んでいる中で、みんなの顔が活き活きと「これがやれたら最高だ」と思えるようになったら、ODSCは完成だ。

ODSCはプロジェクトの大義名分

「プロジェクトの大義名分を明らかにせよ」という言葉がよくいわれる。「大義名分」を広辞苑で調べると、「行動の理由づけとなるはっきりした根拠」とある。

ODSCとはプロジェクトが行なわれる理由づけとなるはっきりした根拠、つまり大義名分を、目的、成果物、成功基準として明確に示すものである。そして、これを明確に示すことはプロジェクトの求心力を飛躍的に高めることになる。

❾成功の基準のハードルをどこまで高くするかは重要な意思決定だ。誰でも成功できるような成功の基準であれば、これは通常作業の範疇であり、プロジェクトで扱わなくてもよいのではないかという疑問も残る。私は、プロジェクトのメンバーがやる気になるような積極的で、達成できそうな目標設定をすることが重要だと考えている。高いハードルは人を育てる。しかし、達成不可能な目標設定は、メンバーのやる気をそぐ。だから、メンバーがワクワクするような、積極的にがんばれば達成できそうな目標設定が重要なのである。

ODSCで経営理念を実践

経営理念は重要

経営のモラルを問われるような事件が後を絶たないのは、とても残念なことだ。経営理念が重要であるというのは、よくいわれていることだが、なかなか実践するのはむずかしい。経営者は理念の重要性を強く意識している。このために、社内に経営理念のポスターを張ったり、コンプライアンスプログラムを作成したり、日常の会話や定期的な研修で、理念の浸透に努める努力は、ますます重要とされる。しかし、一方で、抽象的な概念である理念を現場に浸透させるのはむずかしいし、絵に描いた餅になってしまうことも少なくない。

しかし、これをシンプルに実践するのが、**ＯＤＳＣに経営理念の視点を入れる**ことである。これを実践すると、プロジェクトの中に自然に経営理念が入ることになる。経営理念の入ったプロジェクトのＯＤＳＣを見て経営幹部の方々が「本当にこれを現場のメンバーがつくったのか！」と感激することも少なくない。

現在世間ではコンプライアンス（遵法精神）の重要性が叫ばれて久しいが、私は、日本の社会では、おそらく二つの規範のラインがあると考えている。一つは法律のライン、そしてもう一つはモラルのラインである。法律のライン以下であ

⑩道徳的なことを重視するのは、日本だけのことではない。マックス・ウェーバーの『プロテスタンティズムの倫理と資本主義の精神』（大塚久雄訳：岩波書店）では、営利を敵視するプロテスタンティズムの「世俗内禁欲」が近代資本主義の成立に大きな貢献をしているのではないかと指摘している。

れば、明らかに犯罪である。しかし、法律よりも上にモラルというラインがある。このモラルという一線以下であれば、それは「不道徳」という不名誉なレッテルを張られ、社会的に敬意を得ることはむずかしい。世間の本音は「利得るに道あり」⑩とビジネスでも道徳心を求めるのが常である。

商売の達人として名高い近江商人の言い伝えも「三方良し」といわれる「客良し、自分良し、世間良し」である。要するに日本の社会では、モラルの一線を越えた理念経営が求められていることが、社会の暗黙の了解と考えるのが自然なことなのかもしれない。

●コンプライアンス：遵法精神の時代

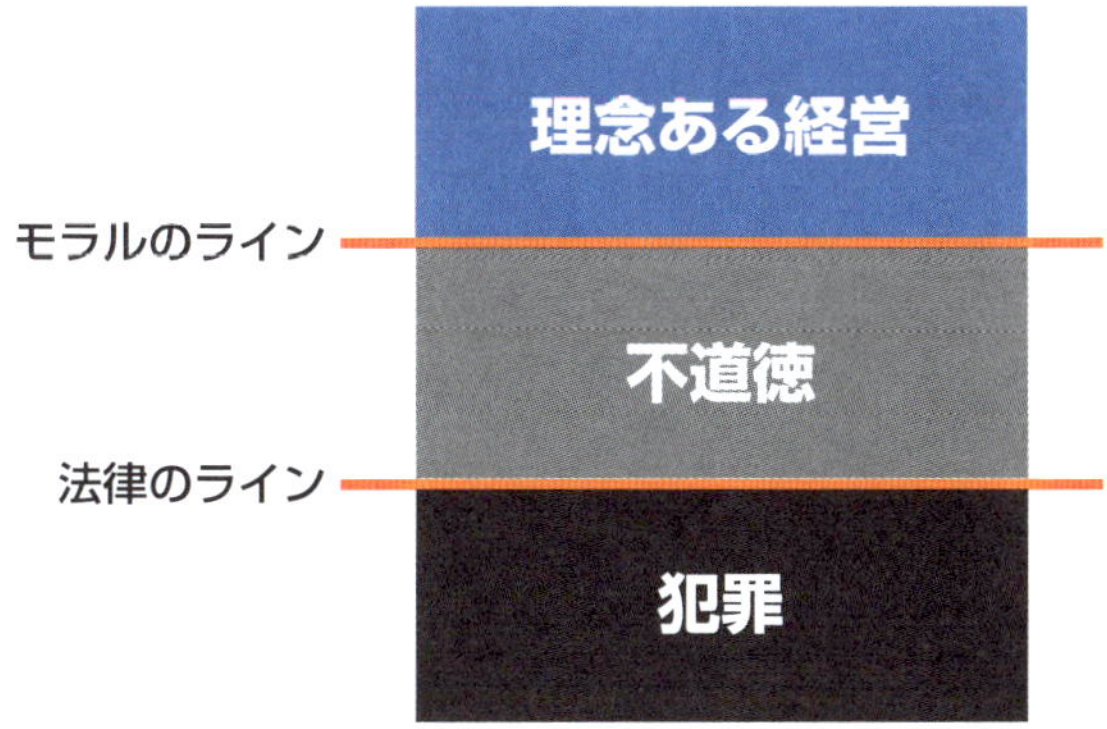

ODSCで人材育成

ODSCは人を成長させるすばらしい道具

目標をODSCですり合わせしていく過程で、ぜひおすすめしたいのは、**目的の記述の中に人の成長視点からの目的を記述する**[11]ことだ。このプロジェクトに参加することで、「私はどう成長したい」とか、「成功したら私はこうなりたい」とか、「メンバーはどう成長する」とか、そのような項目をぜひ入れてもらいたい。

私自身さまざまなプロジェクトに参加してきたが、プロジェクトの過程の中で、さまざまな面から自分自身の成長を実感したり、プロジェクトメンバーの目覚しい成長ぶりを見てきた。**プロジェクトメンバーが目覚しい成長を見せたプロジェクトを振り返ってみると、成長するのは、プロジェクトの成功と、メンバーのなりたい自分の実現がオーバーラップしたとき**だと感じている。**プロジェクトの成功が自分の成長とオーバーラップしたときに、そのプロジェクトに対して使命感が生まれ、プロジェクトの成功の確率は飛躍的に高まるのだ。**

何度も繰り返しになるが、プロジェクトを行なうのは人である。この現実を考えると、人の士気とかやる気とか熱意というものが、プロジェクトの成功の大き

な要因になるのは当然のことだ。だからプロジェクトにおいて、大義名分とかミッションが重要といわれるのは当然なのだ。

人は自分の成長を感じたときに、もっとも力を発揮する[12]というのはよくいわれることだが、プロジェクトのODSCに自分の成長を入れることはプロジェクトの成功の確率を高めるだけでなく、人材育成にもつながる「一石二鳥」のすばらしい道具と考え、ぜひ活用いただきたい。

⑪プロジェクトは、やったことのないことにチャレンジするという性質を持っている。メンバーの成長の視点でそれを考えると、「達成可能でありながら、メンバーの成長を促すような積極的な目標設定がされているか」ということは極めて重要である。

⑫いつかのテレビのインタビューで養老孟司さんが、「人間の脳は成功したときよりも成功する過程で自分が成長していることを実感したときにもっとも気持ちよく感じる」と言っておられたが、実にナットクの意見であった。

●使命感が生まれるプロジェクト

このプロジェクトを絶対に成功させるぞ!
このプロジェクトに成功して、みんなから頼りにされるマネジャーになりたい!
プロジェクトの成功
使命感
なりたい自分の実現

道草コラム

プロジェクトの害虫図鑑

プロジェクトの現場で発見が報告されたプロジェクトの害虫たち。発見したらCCPMガスを噴霧するのが望ましい。プロジェクトの害虫たちが活躍する物語をYouTubeにもアニメーションを公開している。「サバよみ虫」で検索してほしい。

サバよみ虫

人間の責任感が大好きな虫で、それを栄養源にして急速に成長する。集団で生息する習慣もあり、個別最適の組織と組織の隙間などに好んで生息するといわれている。

ねんのために
さばをよんでおこう

パーキンソン虫

与えられた時間と予算を全部使い切ってしまう虫。実は、数々の虫たちの中で「能天気なキャラクターがかわいい」と一番人気である。あらゆる人間にとりついていると報告されているが、ヘタにこの虫を退治しようとするとむしろ抵抗が激しく副作用が大きいので注意が必要。一方、この虫は、活動が活性化しなければ、なんの悪影響もないので、活性化させないように予防措置が重要ということが報告されている。

ぜーんぶ
つかっちゃえ

一夜漬け虫

まだまだ時間はたっぷりあると考えてギリギリまで動かない。要領のよい人ほど、たくさんとりついていることが報告されている。要注意なのは、「一夜漬け虫」が増殖することによって脳に信号を送り、一夜漬けの仕事を続けることを気持ちよく感じさせることがあること。これが続くと切羽詰まった修羅場を常に求めるようになり、人を慢性的な過労状態に追い込むという研究結果が報告されている。

まだまだ
じかんはたっぷりあるよ

マルチタスク虫

責任感が強く仕事熱心であることが特徴である。常に多くの仕事に手を出し、たくさんの仕事を同時に回すことに喜びとスリル、そして楽しみさえ感じている。一方、ときに、皿を割ってしまって大変な失敗をしてしまうこともあるので注意が必要。一説によると「サバよみ虫」が変異を続けて「マルチタスク虫」に進化していくという説がある。

あれもこれも
ぜーんぶやらなきゃ

ていねいな仕上げ虫

仕事が早く終わっても与えられた予算と時間を使い切っててていねいに仕上げてしまう虫。ほとんど仕事が終わっていても、とても忙しそうに作業しているので、発見されることはごくまれな稀少種である。

もっと ていねいに
しあげておこう

かねくい虫

個々の組織の責任感が強く求められている職場で多くいるといわれている。大きなサイズの割には非常に発見しにくく、数々の最先端の手法により「見える化」が図られているが、成功したという事例は少ない。しかし、最近TOCという特効薬が発明され、各地で退治に成功した事例が数多く報告されている。

いくらでも
たべられるよ

はらよみ虫

個別最適の組織の中によく発生している。相手がサバを持っていることを敏感に察知するが、実は自分のほうがサバを持っていることが多い。

なにか かくしてるな

やる虫

やる気を全面に出し、周囲を巻き込み、やる気を伝播する。「やる虫」が一匹いるだけで、なぜか職場が明るくなることが報告されている。もともとは「サバよみ虫」だったのがCCPMガスによって変異して「やる虫」になるという実験結果が各地で報告されている。

やる!!

おもいこみ虫

長く個別最適が続いた企業でたくさん見られる虫。変化は不可能と思い込んでいるが実は、CCPMによって目覚めて「やる虫」に変異することが報告されている。

できるわけないよぅ〜

チョーやる虫

「やる虫」よりもさらにやる気が強く、周囲へのやる気の伝染力が強い。特に責任感が強い「サバよみ虫」がCCPMガスを浴びることにより、「チョーやる虫」に変異するといわれている。もともと責任感が強いので、全体最適の視点を持つと組織にとってもっとも力強いリーダーとなることが各地で報告されている。

やる!! やる!!

かくれサバよみ虫

自分のサバをかたくなに隠し、自分のサバしか食べない傾向がある。これは通常の「サバよみ虫」よりも責任感が強いからと考えられている。しかし、サバを剥ぎ取ると、自分のサバを食べられなくなったこの虫は、みんなと一緒にサバを食べるようになる。すると、「チョーやる虫」に変異することが報告されている。

さばなんてよんでないぜ

べき虫

○○すべき、××すべきとベキベキと厳しい口調で鳴き続けるのが特徴。陰でコソコソ動く。アルファベットの3文字単語を多用する傾向がある。
じめじめしたところ（話）を好む。常に安全圏にいて自分からは決して動かない。常に自分以外の問題を探す。強い伝染力を持つなどの特徴から「くれない虫」と同種なのではないかという説もある。見分けるポイントは、若干頭でっかちなところである。

くれない虫

助けてくれない。やってくれない。決めてくれないとクレナイ、クレナイと甘ったれた声で鳴き続ける。陰でコソコソ動く。じめじめしたところ（話）を好む。常に安全圏にいて自分からは決して動かない。常に自分以外の問題を探す。強い伝染力を持つなどの特徴が報告されている。

あんしん虫

「しんぱい虫」にCCPMガスを吹きかけると現れる。電卓、虫眼鏡、アメとムチがすっかりとれて、なぜか左手に「ゆとり」と書いてあるウチワ。

しんぱい虫

「しんぱいチュウ」と読む。心配で心配でたまらないので、管理を徹底してしまう虫。ミクロな管理を好むあまり、両手が電卓と虫眼鏡に進化している。一方で、あと2本の腕には、アメとムチを持っていて、これを使い分けて管理を実践する。なぜか重箱の隅が好きという特徴を持つ。

◎目標はODSC（目的、成果物、成功基準）ですり合わせる

◎議論の進行役は若手に任せる

◎目的は自由に議論し、言われたことをそのまま書きとめる

- 目的と手段をはき違えない
- ODSCは経営幹部とすり合わせする
- プロジェクトの成功となりたい自分の実現がオーバーラップしたときに、メンバーに使命感が生まれる

岸良流 プロジェクトマネジメント格言集 その2

本末転倒

原価管理を徹底的に現場に適用することで、利益をつくろうとしている試みの現場で起こる現象。

現場は、社内での高い管理費がかかる人工や作業員を使うよりも、外部の経費の安い外注を使うことでコストダウンを図るが、逆にこの結果、内部でもできることでも、外部にお金を持ち出して行なうことになり、結果として、会社の現金（キャッシュフロー）が減り、利益が減る状態。

厳しい競争の中、利益が減っていることに危機感を持つ経営幹部や経理部が、さらに利益体質を強化しようと、利益率に対してさらに一層厳しいハードルを課し、本社経費を上乗せして利益率を確保しようとする。このことにより、現場は「コストダウン」のために、「アウトソーシング」とかいうもっともらしい言葉を使って対応すると、さらにお金が流出し続ける仕組みが強化される。

安物買いの銭失い

「コストダウン」の名のもとに安い業者を探し出し、工程を進めるが、品質が悪く、かえって膨大な手直しが発生する。

その結果納期が遅れ、逆にコストが余計にかかり、お客様の信頼を失い、次回の受注さえも危うくしてしまうという悲惨な状態をいう。

人の痛みは三年耐える

現場の混乱、苦痛について、経営幹部が実感として理解することはむずかしい。現場の柔軟性、人のよさ、資質に甘え、本当の痛みの原因を根本治療せず、痛みを痛く感じさせないような対処療法だけを行なっている状態。

対処療法としては、現場にハッパをかけたり、やさしい声をかけたり、食事につれていったり、またはボーナス・休暇を与えたり、といったことがよく行なわれる。

終わりよければすべてよし

プロジェクトの過程において、いろいろ問題があったことも、問題を乗り越えたこと自体を美談としてしまい、次回も同じことを繰り返す様子。

プロジェクトの終わりの間際になって起こるさまざまな問題・課題に関して、突貫、徹夜の連続で対応し、なんとか納期を間に合わせたときによく使う言葉。

打ち上げの際に使われることが多い。「今回もなんとかなった。次も頼みます」と関係者と打ち上げを行なう。どうも反省というものがないのが課題である。

笑っていただけたであろうか？　実は、これら全部は、大なり小なり、私自身がおかしてきた間違いや経験をたどったものである。

胸に手を当てると痛いことばかりである。「論より証拠」、議論を繰り返すよりも、「モノは試し」なので、ぜひ一度実践して試してみてほしい。

「千里の道も一歩から」。最初は小さなテストプロジェクトでいい。「三人寄れば文殊の知恵」だし、数名が集まってODSCから始まって段取り八分で工程表を引いて、サバ取りを行ない、そして「あと何日」で管理しながら、「未来予知訓練（MYK）」を行なう。

よく考えてみてほしい。これらは、プロジェクトマネジメントの基本中の基本で、何も新しい画期的なやり方を提案しているわけではない。当たり前のことを当たり前のように行なうことがもっとも重要なのである。

「案ずるより産むが易し」である。ぜひお試しあれ！

Part 4

成功へのシナリオをつくる!

Backward Plan

段取り八分

▶段取り八分工程表の引き方

極意其の五： タスクは「○○する」と動詞で書く

極意其の六： 声に出して読み上げる

▶タスクの適正サイズとは

極意其の七： タスクをわかりやすく書く

段取り八分工程表の引き方

日常生活は「段取り」で構成されている

プロジェクトの現場で昔から言い伝えられている金言。それが「段取り八分」だ。段取りは、プロジェクト成功の8割を握っているという意味。これをシンプルに、やさしく、実践する方法がある。目標から後ろへたどって工程を引く❶ということだ。考えてみたら、我々は日常、**直感的にやっている**ことでないかと思う。

▼10時発の電車に乗るためには

今あなたが家にいて、10時発の電車に乗りたいと思っている。その場合、あなたはどういうふうに考えるだろうか？

「10時の電車に乗るためには、少なくとも5分前には切符を買っていたいなぁ。まあ念のために10分くらい前に駅に着いておこうか。9時50分に駅に着くためには、家から駅まで歩いて10分くらいだから遅くても9時40分には家を出よう。そのためには家を出る準備は10分くらい前には終わっていよう。9時30分に準備が

TOC豆知識

直感的にやっている

「直感」を広辞苑で調べると「説明や証明を経ないで、物事の真相を心でただちに感じ知ること」とある。だから、多くの方々が当たり前と考えられることも多い。一方で、当たり前のことこそやることがむずかしいという話もよくいわれる。

ゴールドラット博士は、この直感をロジックで示すことを極めて重視している。ある人が直感でそうだと感じても、ほかの人が同じ直感を感じるとは限らない。直感がすぐれた人であればあるほど、その人の直感はほかの人には理解できないことも多く、そのすぐれた人が当たり前のこととして実行していることを、ほかの人は、マネできないことも少なくない。

これは、つまり、その直感として考えられている当たり前のことをロジカルに説明できないことを表している。逆にいえば、その直感を誰でもわかるようにロジカルに説明できるとは、そのすぐれた人がやっていることを、誰にでもできるようにすることなのだ。それは、極めて大

終わって、40分に家を出て、9時50分に駅に着いて、それから切符を買って、ホームに着くと10時の電車に乗れるな……。よしっ！」

　このように、たいていの人は日常生活において、目標から逆算し、「そのためには〇〇しておかなければならない」❷

❶『土木施工管理必携』という教科書には「逆算法」として紹介されている。

❷目標を達成するための必要条件ロジックという。日常生活で当たり前にやっている手順なのに、なぜ、人は仕事になると自分の目の前の作業から取りかかるんだろうか？　不思議でならない。

●「段取り」、それは普通で当たり前の考え方

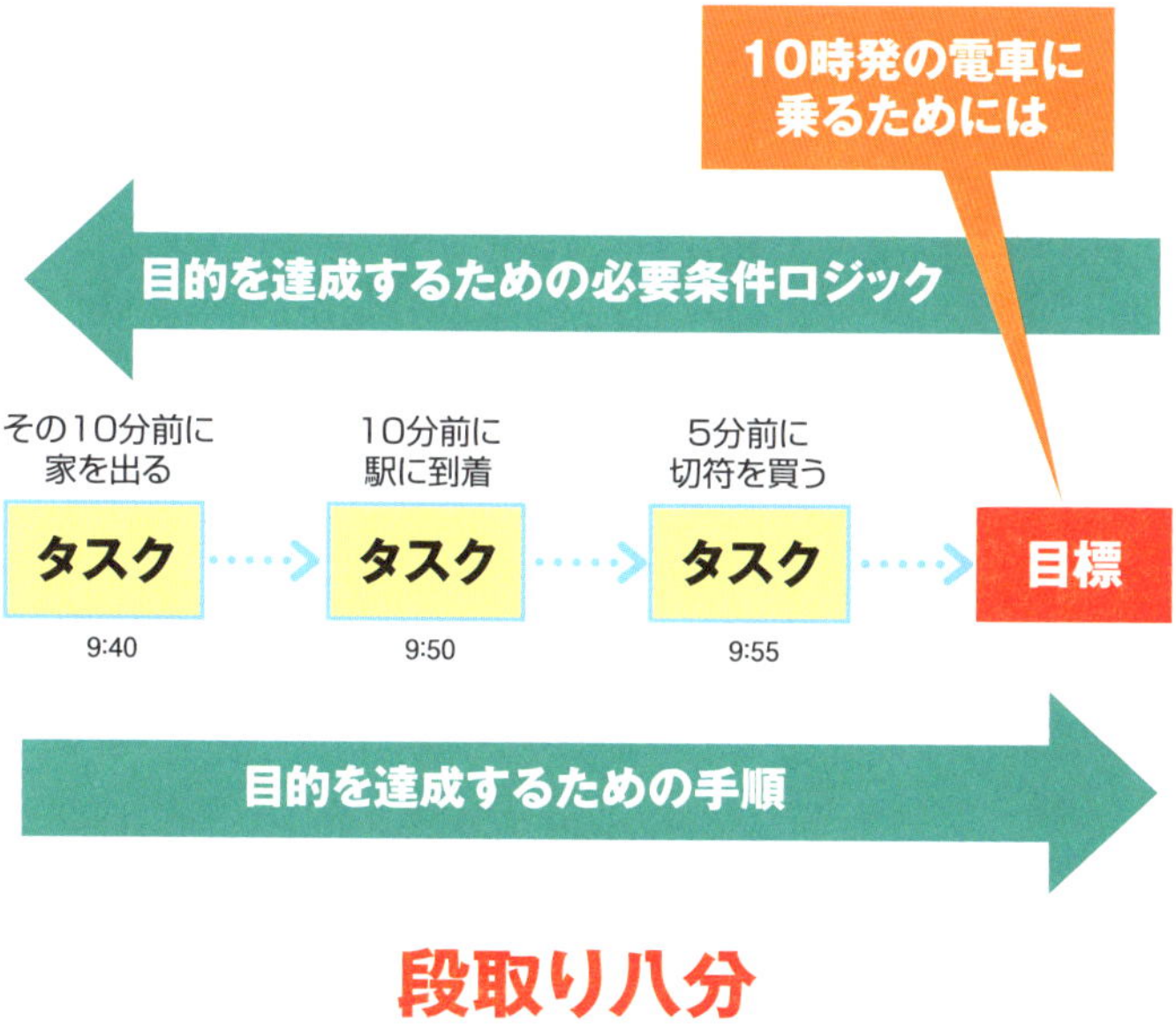

10時発の電車に乗るためには
目的を達成するための必要条件ロジック
その10分前に家を出る
10分前に駅に到着
5分前に切符を買う
タスク
タスク
タスク
目標
9:40
9:50
9:55
目的を達成するための手順
段取り八分

きな価値があることがおわかりになるであろう。

　ゴールドラット博士は、そういったすぐれた人が直感で考えられている暗黙知をシンプルに、わかりやすく、誰でも実践できるように、理論を構築しているのだ。これがTOCの知識体系といえる。

　ちなみに、私がゴールドラット博士とはじめて会ったときに、直感とロジックについて質問を受けたような気がする。当時は何もわからないながら、「ロジックにすると誰にでも使えるようになって、世の中の役に立つ。だから意義がある」と答えたことに彼が満面の笑みを浮かべたことを思い出した。どこまでも深く考えている人で、今さらながら驚いてしまう。

　直感とロジックについては、ゴールドラット博士の『ザ・チョイス』の第18章に書かれているので参考にしてほしい。

と考えて計画を練っている。そして、その手順を最初から順を追ってやると目標が達成できるか確認している。

段取りとは、モノゴトの順序や方法をあらかじめ定めること。この方法をうまく使えば、「段取り八分」が誰でも簡単に実践できるようになる。次に実践的なやり方について紹介していきたい。

段取り八分工程表の引き方

では、前述のやり方をもとに段取り八分の工程表をつくっていこう。

まずは、下の図のように白い紙を壁に張っておく。その右側にODSCで議論した紙を張っておく。プロジェクトメンバーが集まり、このODSCを達成するために、次の3つの質問を繰り返し、プロジェクトの最初のタスクまで戻っていく。

「その前にやることはなんですか？」

「本当にそれだけですか？」

●段取り八分工程表の作成

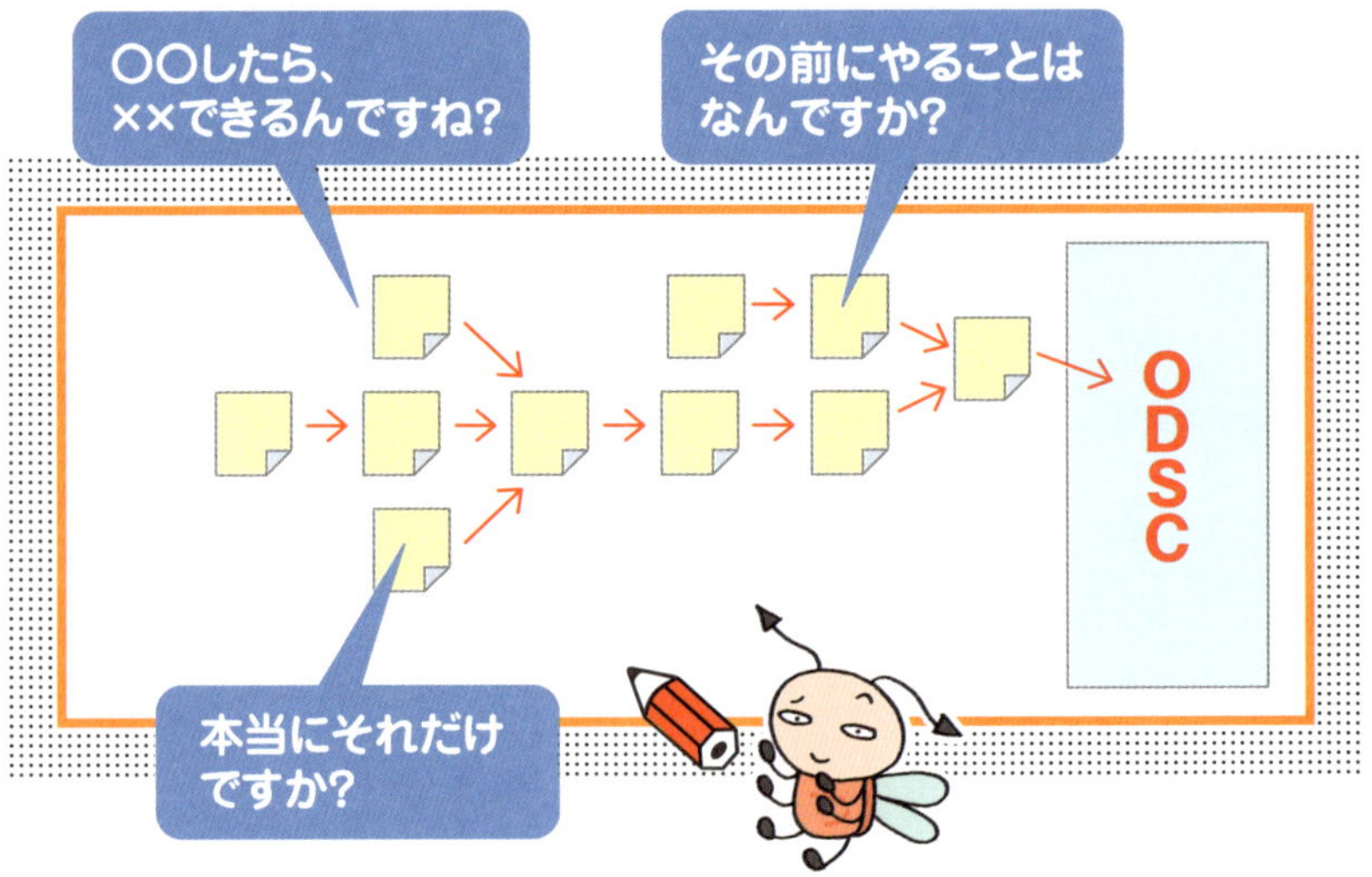

○○したら、
××できるんですね？
その前にやることは
なんですか？
ODSC
本当にそれだけ
ですか？

「○○したら、××できるんですね？」

ＯＤＳＣからたどって議論していくとわかるのだが、目的を達成するためには、前もって何をすればよいか[3]という段取りの議論が自然にできる。また「目的」から議論していくと、ほかの人がどういう段取りや手順で仕事を進めているか、あらためて発見することも多い。

こうしていくと、ベテランやほかのメンバーの考え方や過去の経験からくる暗黙知が引き出され、どんどん工程表に埋め込まれていく[4]。そして全員がその考え方を学ぶだけでなく、参加メンバーから新しい知恵も出されて、この工程表に吸収されていく[5]。この議論を先ほどの**3つの質問**を使って、プロジェクトの完了から開始にさかのぼってプロジェクトの最初のタスクまで、丹念に質問を繰り返していく。

次に、プロジェクトの開始から、逆方向に時系列の順番でものづくりの観点か

[3] 段取り八分で議論すると、ＯＤＳＣを達成するために必要でないタスクは出てこない。今までの慣習や無駄な作業が自然になくなる。

[4] これらの工程表に記載されたタスクをアクティビティーという。それらは「〜する」と動詞で表現するのがよいとされている。実際にやってみるとおわかりになるのだが、動詞で表現すると、期間をイメージして議論できるので後でサバ取りをするときに大変便利なので試してほしい。

[5] 「衆知を集めて」という言葉があるが、これはまさにそのものだと思いませんか？

TOC豆知識

3つの質問

「その前にやることはなんですか？」「本当にそれだけですか？」「○○したら、××できるんですね？」――この3つの質問は、極めてロジカルにできている。「その前にやることはなんですか？」の質問は、必要条件を聞いている。「本当にそれだけですか？」の質問は十分条件の確認を、そして、「○○したら、××できるんですね？」の質問は、因果関係を使って、仕事の手順を確認している。実践していると、あまりに自然で気がつかないことも多いが、実は、必要条件、十分条件、因果関係を使った厳密なロジックにもとづいた議論なのだ。

ＴＯＣは、物理学者であるゴールドラット博士が開発したもの。科学者らしい厳密なロジックにもとづくものであることが、ここでもおわかりになるであろう。

ら見直していく。この議論のときの質問はシンプルだ。

「〇〇したら、××できるんですね？」

今度は前から順を追って段取りの手順を確認していく。この作業の次にこれをやったら、これができる。それを次の作業でここまでやると、こういうものができる。この議論を、製品が完成し、ＯＤＳＣの達成を確認するまでやっていく[6]。

この確認作業で本当に目標が達成できるのか確認していくわけだ。もしも何か抜けがあれば、そのつど追加していけばよい。これを繰り返していくだけで、たった数時間の議論でかってない精度のよい工程表ができる。「これは目からウロコの経験だ」と、さまざまな業種[7]の方々から感想をいただくことが多い[8]。

この議論は、目標すり合わせの議論と同じで、そのまま若手に進行役をやってもらうとよい。後ろから工程表を引いていくと、若手からはあまり意見が出ないことがよく見受けられる。一方で、経験豊かなベテランは、後ろからすらすらと段取りが出てくる。これは、長年の経験によりプロジェクトが終わるまでの工程がイメージできるからであろう。ベテランと若手が一緒に議論していく中で、ベテランが頭の中でやってきた段取りが、**形式知**として自然に若手に伝えられていく。やっている最中に、「これこそが段取り八分の最高の訓練だ！」と言っていただくことも多い。ぜひ試していただきたい。

TOC豆知識

形式知

ゴールドラット博士は、Verbalization（言葉にして表すこと）の大切さを常に語っている。自分ではできていることでも、それを言葉にして表現するのは、決して簡単ではない。博士がよくたとえとして出すのが、靴ひもを結ぶこと。博士いわく、「靴ひもを結ぶことはできると思うが、靴ひもの結び方を言葉にして言ってみろと言われたらむずかしい」。

自分が難なくやれることでも、それを誰でもできるように言葉にして表すことは本当にむずかしいのだ。段取り八分の議論で、ベテランの暗黙知は、次々と誰でもできる形式知へと転換されていく。それは大きな価値を組織にもたらすのはいうまでもないだろう。暗黙知が形式知として、誰でもわかるようになったときに、今までやっていた当人でさえ、「目からウロコ」だと言う。今までやってきたことが、ロジカルにつながって理解できたということなのだろう。その言葉を言う方々の顔は例外なく明るい。こういったことに触れ

極意其の五

タスクは「○○する」と動詞で書く

タスクは〈名詞＋動詞〉、つまり、「○○を××する」と書くのが大切だ。こういうふうに書けば、自然に「誰が」という主語のイメージと、どのくらいの期間でやるかというイメージが浮かんでくる。また、前からタスクを読み上げて段取りを確認するときに、そのまま文章となるので、成功のシナリオとして自然に議論がしやすくなる。

リスクの大きいタスクは前に押し出される

実践すると簡単にわかるのだが、プロジェクトの最後からさかのぼって工程表の作成を行なうと、リスクの高いタスクは、タスクの前のほうに「自然に」押し出されていく。これは、工程表を引く中で、このタスクを行なうためには事前に何を段取りすべきかという議論を行なうためである。この過程で、必然的にリス

る毎日。ゴールドラット博士本人も含めてゴールドラット・グループのメンバーは、仕事を心から楽しんでいるのがおわかりいただけるであろう。

❻このものづくりの手順の工程表はいつも仕事でやっているから楽に議論できるはずだ。もしも抜けがあれば抜けている作業を加えたり、懸念事項やリスクがあればそこに書き出して、経営幹部と話し合って前もって問題をつぶしておくとよいだろう。

❼業種としては、商品開発、研究開発、建設業、ソフトウェア、行政改革、人事制度などどんなものでも割と簡単に使うことができる。

❽この工程表はひとあじ違う。みんなで議論し共有したプロジェクトの目標であるODSCにつながった工程表である。そこで一緒にやっている方々からは「魂の入った工程表」と言っていただくことが多い。

クの高いタスクは前に押し出されるのである。これは、リスクの大きいものはプロジェクトの初期に行なうという原則と一致していて、実に効果的な手段だといえるだろう。

タスクにはかなり正確に見積もれるタスクと、いろいろ問題がありそうで、場合によっては大きく日数が変動しそうなタスクが混在しているはずである。

当然、不安な部分は早く明らかにしたいという気持ちになるし、できるだけプロジェクトの初期段階で、不確定なタスクを解消することで、プロジェクトの後半に行けば行くほど、リスクは少なくなってくる。

「しくじるのは稽古のため」ということわざがある。失敗を犯した経験ほど記憶に残るものはない。痛い目にあうほど、人はプロジェクトにおいて問題点を前もって予測できるようになる[9]。これが「経験知」といわれるものである。

工程表を後ろからさかのぼって関係者が集まって議論していると、リスクの大きいものについて、「このタスクをするためには前もってこうしたほうがよい」とベテランからアドバイスをもらえたりすることが多くある。こうして、「リスクの大きい工程は先に行なう」[10]という原則が、自然にプロジェクトメンバー全員に共有されることになる。

「段取り八分」による工程表の引き方は、経験でしか学べないことを計画段階に

おいてシステマチックにメンバー全員に伝える手段としても、訓練・教育の手段としても、大変有効な方法だと、たくさんの方から感想をいただいている。

成功へのシナリオづくり

次に、作成された工程表のそれぞれのタスクについて、どのリソースをどのくらいの期間で行なうか議論していく。下の図のように、それぞれのタスクに、プジェクトの頭からリソースと期間を入れていく。ここで、今度は最初からやるのがミソだ。

段取り八分でつくられた工程表は、プロジェクトの目標

⑨あるベテランのプロジェクトマネジャーから聞いた話だが、納期が厳しく、コストが厳しいプロジェクトほど、経験的にプロジェクトの最後から逆算で工程表を引くそうである。それでないとプロジェクトは成功しないからということであった。ここでも人間は追い詰められると知恵を出すということが明らかで、そのやり方が「段取り八分」のやり方と一致しているのがおもしろい。

⑩「フロントエンドローディングをすべきだ！と何度も言ってもできなかったのが、段取り八分で議論すると自然にフロントエンドローディングができている。驚きだ」と今まで多くの方々にご感想をいただいている。フロントエンドローディングを重視するなら、一度、段取り八分の工程表の引き方を試していただきたい。

●それぞれのタスクのリソースと期間を議論する

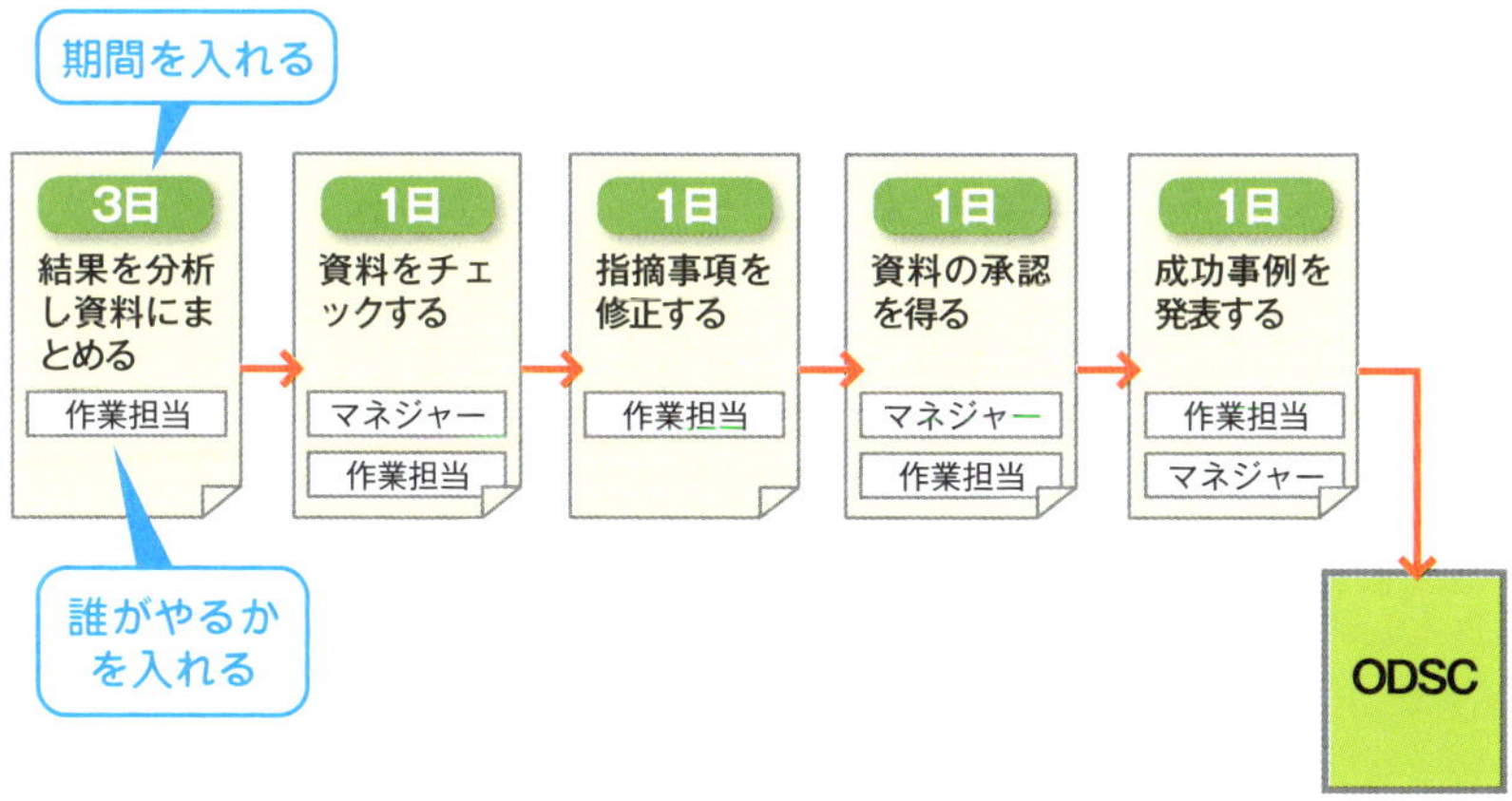

期間を入れる
3日
結果を分析し資料にまとめる
作業担当
1日
資料をチェックする
マネジャー
作業担当
1日
指摘事項を修正する
作業担当
1日
資料の承認を得る
マネジャー
作業担当
1日
成功事例を発表する
作業担当
マネジャー
誰がやるかを入れる
ODSC

を達成するための必要最低限のタスクが書き出されている。そのそれぞれのタスクに対して、誰が行なうのか配役を決めるのだ。

この作業は極めて重要だ。議論するとわかるのだが、**それぞれのタスクを誰がやるかで納期が大幅に変わってくるというのが現実だ。**担当者レベルに任せきりにすると長い期間かかるけれど、そのタスクの中に経営幹部に入ってもらい、ひと言[11]助けてもらうだけで、大きく納期が短縮することがあるということが判明する。それだけではない。ある担当が一人でこんなにたくさんの作業をしていたのかと再発見することもある。また、ある担当がやるのが当たり前と考えていたことが必ずしも正しくなく、別の人にやってもらったほうがよいことも判明したりする。**タスクの中身の作業が明確なため、経営幹部もどうやって支援したら、プロジェクトが成功するか**を理解することになる。

タスクの中に、リソースと期間を入れたら、プロジェクトの最初のタスクから、**声に出して読み上げる**。それぞれのタスクは、「○○する」と動詞で書いてあることもあって、シナリオのように読むことができ、プロジェクトメンバーでイメージを共有しながら確認できる。みんなで確認できたら、成功へのシナリオの完成だ。

TOC豆知識

声に出して読み上げる

声に出して読み上げることは、ゴールドラット博士の側近のトップエキスパートの中でも日常頻繁に行なわれている。ゴールドラット博士が自ら読み上げて、その内容をみんなで議論することも、たびたびである。読み上げることで何をしているかというと、ロジックをチェックしている。ロジックに破綻がないか、誰でもわかるか、もっとよい表現はないか、みんなで意見を交わす。こうすることで、いろいろな人の多様な意見を取り入れながら、TOCの知識体系は日々進化しているのである。

⑪「鶴の一声」でトップから助けてもらうのは非常にプロジェクトメンバーにとってうれしいものだ。そしてトップも同様にうれしいものである。

極意其の六

声に出して読み上げる

進行役が、声に出して読み上げることは重要だ。「○○したら××できるんですね?」とタスクを読み上げる。するとみんなの頭の中がフル回転して、みんながそれでいいのかを考えるようになる。自分だけで考えると行き詰まってしまうこともあるが、こうやって議論すると、他人の脳みそも使える。プロジェクトはチームワークが大切。他人の知恵を借りるのは、とてもよいことなのだ。そのためにも声に出して読み上げることをおすすめする。

タスクの適正サイズとは

木を見て森を見るちょうどよい加減

よくある質問が、「タスクをどのくらいのサイズまでブレークダウンすべきか」というものだ。タスクをあまりに細かくしすぎると、管理するタスクの数が多くなってしまい、「木を見て森を見ず」に陥って、全体像が見えなくなってしまう。逆に、あまりにタスクが大雑把すぎると、管理がむずかしくなる。全体像を把握しながら、いかに個別のタスクを管理するかという「木を見て森も見る」というさじ加減が重要になってくる。

ここで考えるべきなのは、タスクを行なうのは人であるということだ。もしも、タスクを極端に細かく定義してしまい、たとえば30分レベルのタスクまで詳細にすると、次々と代わる代わる違うタスクを人は行なわなければならないことになる[12]。それは、マルチタスクを引き起こす原因となってしまうのだ。そもそも、タスクは備忘録でも、作業チェックリストでもない。そういった詳細は、タスクの作業項目の中で別に管理すればよいことで、プロジェクトのタスクとして管理すべきものではない。

⑫備忘録や作業チェックリストは、タスクの詳細として別管理すればよい。タスクによっては再利用もできるであろうし、そのほうが運用もシンプルになる。

人がタスクを行なうことを認識するなら、タスクの作業内容によって、人が集中してよい仕事ができるタスクの適性サイズがあるはずである。ある作業では、数日単位で十分集中できる場合もあるし、数週間、数カ月、集中する必要がある場合もある。それを議論すべきなのだ。

また、プロジェクトの中の**タスクの数**だが、マネジメントするのも人間である。あまりに多すぎると全体像が見えなくなってしまう。一般に経験則であるが、50～100くらいが目安でそれを超えると、全体像を把握しながら、プロジェクトをマネジメントすることがむずかしくなるのを肝に銘じておくべきであろう。タスクサイズの目安として、特別な場合を除いて、プロジェクトの全体期間の2％以下に満たないタスクは入れるべきではないといわれている。こうすると自然に50～100くらいのタスクに落ち着くので便利な方法かもしれない。

TOC豆知識

タスクの数

本書で紹介しているクリティカルチェーンは、もともと数千億円レベルの大規模プロジェクトで、ゴールドラット博士が開発したものだ。そういった極めて大きなプロジェクトでも、タスクの数は300以下でマネジメントされている。もしも、あなたのプロジェクトが数千億円レベル以下であり、タスクの数が多すぎるようだったら、タスクが備忘録や作業チェックリストになっていないか、調べてみる必要がある。

極意其の七

タスクをわかりやすく書く

タスクの表現について重要なコツがある。それはなるべくわかりやすい表現をすることだ。プロジェクトの多くの悩みは、経営幹部、ほかの部署、お客様、協力業者などの外部の助けを得られないことだ。逆にいうと、経営幹部、ほかの部署、お客様、協力業者などの外部の助けを全面的に得られるようにすることは、プロジェクト成功の確率を飛躍的に高めることになる。

もしも、プロジェクトメンバーだけにしかわからないタスクの表現をしていると、外部の人はその意味がわからない。すると助けたくても助けられなくなる。むしろ、現場のわけのわからない専門用語に翻弄され、現場に対して不信感さえ生まれてしまうこともあるようだ。一方、わかりやすい言葉で表現すると、外部の人でもわかるので手助けしやすくなるのだ。

実際に専門用語や特殊な言葉で表現されているタスクには問題が潜んでいることが多い。現場で議論していると、それらに、マネジメントを改善して、期間を短くするヒントが隠されていることも多いのだ。現場の人たちがわかりやすく、あらためてよく考えてタスクを表現することで、惰性でやってきた作業が、なんのためにやるのかが再確認されたり、今となっては必要のないタスクがあぶり出されたりする状況を何度も見てきた。経験的にいって、専門用語や特殊な用語は、

あまりよいことはなく、経営幹部や周囲が煙に巻かれてしまうことも少なくないのが実態だ。

一般に、仕事ができる人はむずかしいことでも、わかりやすく説明できる。わかりやすく説明することで、多くの人の支援を得て目覚ましい成果を出す。だからこそ、わかりやすく表現する訓練をすることは人材育成にもつながるのだ。

工程表をつくりながら議論すれば解決！

こういうと直感的に「なるほど」と感じていただいても、実際にどうやるかはわかりにくいであろう。実はやるのはものすごく簡単である。

前述の「段取り八分」の方法で工程表を作成すればよいのである。

この方法で議論していくと、タスクは動詞で「○○する」と表していることもあって、自然に、人というリソースを頭の中に入れて、みんなが議論するようになる。意識しなくても、適切にタスクサイズを定義[13]してくれる。むずかしいタスクサイズの話が、実際には「こんなに簡単だったのか！[14]」と思われるかもしれないが、物事は本来の目的に戻って単純に考えると、解決策は意外とシンプルだったりすることが多い。

[13] さまざまなリソースが入りタスクの作業が進む場合、キーとなるリソースを中心にして、作業が集中して進むようにタスクを定義する。キーのリソース以外の時間がバラバラに入るからといってタスクを分けるのは賢明ではない。なぜなら、それらはタスクのキーリソースではなく、キーリソース以外のことは、タスクの責任者に任せればよいことである。全体のマネジメントを行なう視点から重要なことに集中してマネジメントすることが大切なのだ。

[14] そもそも「プロジェクトメソッド」を広辞苑で調べると、「20 世紀初頭のアメリカで、キルパトリック（W. H. Kilpatrick：1871 ～ 1965）らによって開発された経験学習の方法原理で、実際上の仕事（作業）を中心として、生徒たちが自ら計画構案し問題を解決する実践的な活動を重視する構案法」とある。要するに経験学習の方法原理なので、科学よりも人間との対話を大切にしなければならない。プロジェクトで作業を行なうのは多くの場合、人間なのだから……。

道草コラム

サバよみ格言集

各地のプロジェクト現場で拾ってきた格言を使ってオリジナルの格言集をつくってみた。筆者のおバカなキャラを反映して、相当にひねくれた内容になっていると思うが、意外にも好評で驚いている。笑ってもらえるとうれしい。

段取り八分

プロジェクトマネジメントの現場で、常に繰り返し語られているが、どうやってやるかということについては、具体的な説明がない長年の謎の言葉。親方の背中にその極意が書いてあるという噂もある。

尻に火がつく

納期ギリギリになるまで、気合が入らない様子。しかし、納期ギリギリになると人が変わったように徹夜、突貫の連続で納期を間に合わす。

「これぞ瀬戸際の魔術師……」と自らを自画自賛するタイプもいる。

技術は目で盗め

親方のやり方をじっくりと観察し、その意味を理解しながら、「考える訓練」を行ない、若手を育成していく手法。マンツーマンで教えられる余裕のある時代には、一番の方法だといえるが、せちがらい今の世の中で、実践するのがむずかしいのが悲しい。

缶詰

プロジェクトが佳境に入ると、プロジェクトマネジャーが担当者を集めてホテルに泊まり込み仕事をさせるやり方。ホテルのベッドを提供するので、寝袋、ソファよりは寝心地がよいとマネジャーは考えているが、実は、現場のソファのほうが寝心地がよかったりする。

火消し

問題が起こったときに行なう応急処置。この火消しの見事さがプロジェクトマネジャーの力量とみなされる場合もあり、火消しに美学を感じるマネジャーも多い。

触らぬ神に祟りなし

無駄だとわかっている管理作業でも、そのまま続ける状態のこと。無駄な管理作業は、現場には結構多いモノ。でも、そういった作業は、顧客や上部の意向など、さまざまなシガラミが絡み合っていて、無駄だと指摘すると、お上から、とんでもないしっぺ返しが来る可能性があると、現場はよくわかっている。だから、当面、そのままにしておくのが一番と考えられている。

絵に描いた餅

プロジェクトの計画段階で書かれる工程表。プロジェクトの企画段階としてよく発注者や上司を説得するために作成される。本来は進捗管理してこその計画なのだが、なぜかいったんプロジェクトが始まると、再度、顧みられることはなく、実際には多くの場合、プロジェクトマネジャーの頭の中で進捗管理が行なわれている。

成長
したなー

◎「段取り」はプロジェクト成功の8割を握っている

◎工程表の作成は、プロジェクトの完了から開始にさかのぼって、「その前にやることはなんですか?」「本当にそれだけですか?」「○

○したら、××できるんですね？」の質問を繰り返す

◉ タスクは「○○する」と動詞で書き、「声に出して」読み上げる

◉ タスクは専門用語を避け、わかりやすく書く

Part 5

期間短縮!

Aggressive But Possible

サバ取り

やる気になる期間設定

できるかできないか五分五分

プロジェクトをやるのは人である。プロジェクトメンバーがやる気になるのとならないのでは、プロジェクトの成果に大きな差が出るのは今さらいうまでもないことであろう。どうやったらやる気になるのか、ここが考えどころである。

輪投げというゲームはご存じだと思う。もしも、的となる棒が、ものすごく近くて誰でも入れられるようなら、ゲームとしては少しもおもしろくない。逆に、的が遠すぎて、どう見たって入らないと思えるようなら、やる気にならない。どういうときにゲームとして一番おもしろいかというと、入るか入らないか五分五分の距離が一番おもしろいし、やる気になるのではないだろうか。

できるかできないか五分五分というのは、入るか、入らないかは偶然ではなく、本人の努力次第ということ。そういうときに自己起因性も高まり、人のモチベーションも上がってくることになる❶。

TOC豆知識

安全が確保されている

20階建ての建設中のビルの橋げたの上で思い切りジャンプしろと言われて人はジャンプするだろうか？　では、体育館などの安全なところで思い切りジャンプしろと言われたらどうだろうか？

人は、安全があるから思い切りジャンプすることができる。つまり、安全を提供することが、チャレンジには欠かせないということになる。こういった人の洞察をベースにTOCのロジックは組み立てられている。詳しく勉強したい人は、拙著『全体最適の問題解決入門』を参考にしていただきたい。

❶達成動機が喚起されやすい状況の特徴として、高名なアメリカの心理学者マクレランドは次の点を指摘している。
1．成功裡に達成できるかどうかは、(運ではなく）努力と能力次第である状況
2．課題の困難度、あるいはリスクが中程度（つまり、成功・失敗の主観的確率が五分五分くらい）の状況
3．努力の結果、うまく目標が達成できたかどうかについて、あいまいさがなく、明瞭なフィードバックがある状況
4．革新的で新規の解決が要求されそうな状況
5．未来志向で、将来の可能性を予想して先を見越した計画を立てることが要請されるような状況
詳細は、神戸大学の金井壽宏先生の『はたらくみんなのモティベーション論』(NTT 出版）を参考にしてほしい。

これはあくまでもゲームの話。できるかできないか五分五分というのは、できる可能性が5割で、失敗の確率が5割あるということ。現実のプロジェクトでは、失敗の確率が5割もあったら、心配で心配で仕方がない。ゲームが楽しいのは、失敗してもあくまでもそれはゲームであり、現実には大きな影響がないからだ。

つまり、できるかできないか五分五分が楽しめるのは、あくまでも**安全が確保されている**場合において、ということになる。これをプロジェクトにも応用して、できるかできないか五分五分でゲームのようにチャレンジしながら、一方で、プロジェクトが失敗しないように、安全が確保されているなら、よい計画ができることになる。さらに、それが結果として、全体の期間短縮につながるようなら、いうことなしである。このようなロジックをベースとした計画の方法が、次に紹介する「サバ取り段取り」である。

安全余裕を確保し、やる気をつくる「サバ取り段取り」

では、実際に工程表を使って、安全余裕を確保し、やる気をつくる「サバ取り段取り」の方法を議論していきたい。

Step1 リソースの重複をなくし、マルチタスクをなくす

下の工程（図A）は、全部で30日の工程表である。この工程表で、同じ色は同じ担当が作業することを意味していると考えてほしい。オレンジ担当とブルー担当の作業は同時に行なうような工程表の引き方である。

これは、要するにオレンジの担当とブルーの担当に同時に複数のことをやれといっている仕事である。時間がない。競争が激しい。いくらでも理由がつく。

「1日は8時間ではなく、24時間ある。8時間の倍働けば16時間が確保できて、理論上は実現は可能だ。たった6日間だけな

図A　同じ色は、同じリソースを表す

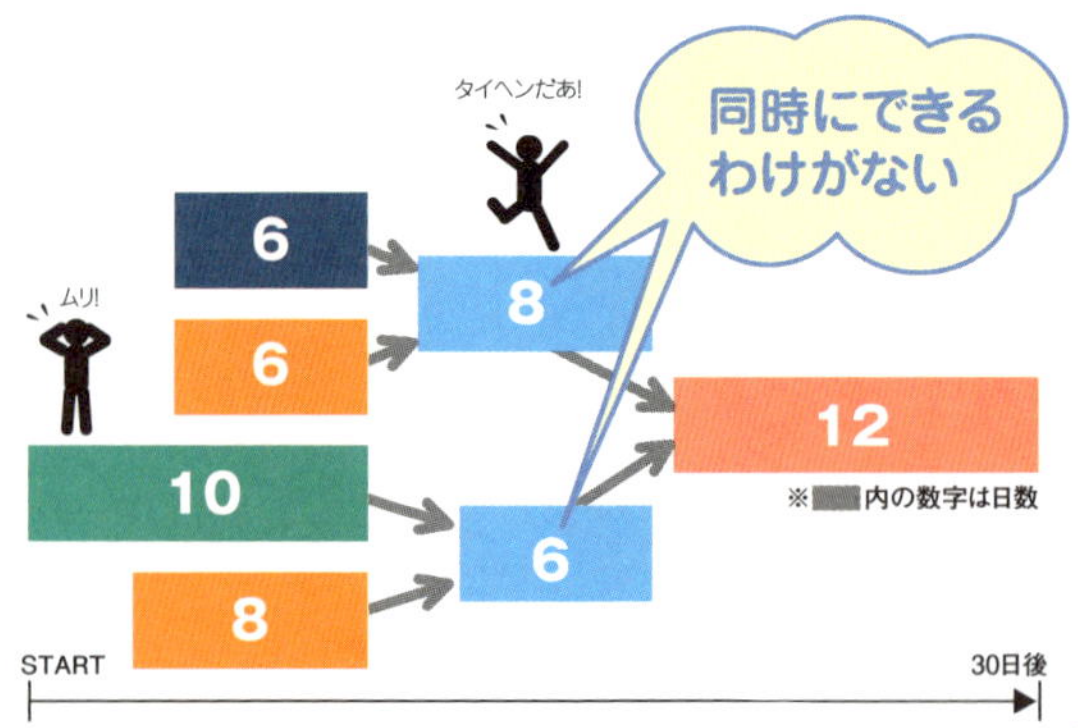

ら、現場はなんとかがまんしてやってくれるかもしれない。あとは長期休暇とかボーナスをはずんでやろう」

私はソフトウェアや商品開発をやってきたが、こういう工程表を日常普通に引いてきた。厳しい競争と期間、こうしなければ競争に勝てない。納期が遅れるからである。

だが、結果は悲惨だった❷。調べてみると、プログラムの場合、コードを実装するのとバグ取りの期間が同じだったり、ひどいときにはバグ取りの期間のほうが多かったりする。もちろん、これはパート2で議論したマルチタスクのせいである。

マルチタスクを防ぐためには、期間は延びてしまうが、やは

❷プロジェクトの世界では「2の3乗の法則」があるといわれている。「プロジェクト完了には、計画完了よりも、2倍の時間がかかる。プロジェクト完了には、想定した予算よりも2倍のお金がかかる。そしてプロジェクト完了までに、実際に引き渡す内容を2回、約束する」というものである。

図B　リソースの競合をなくす

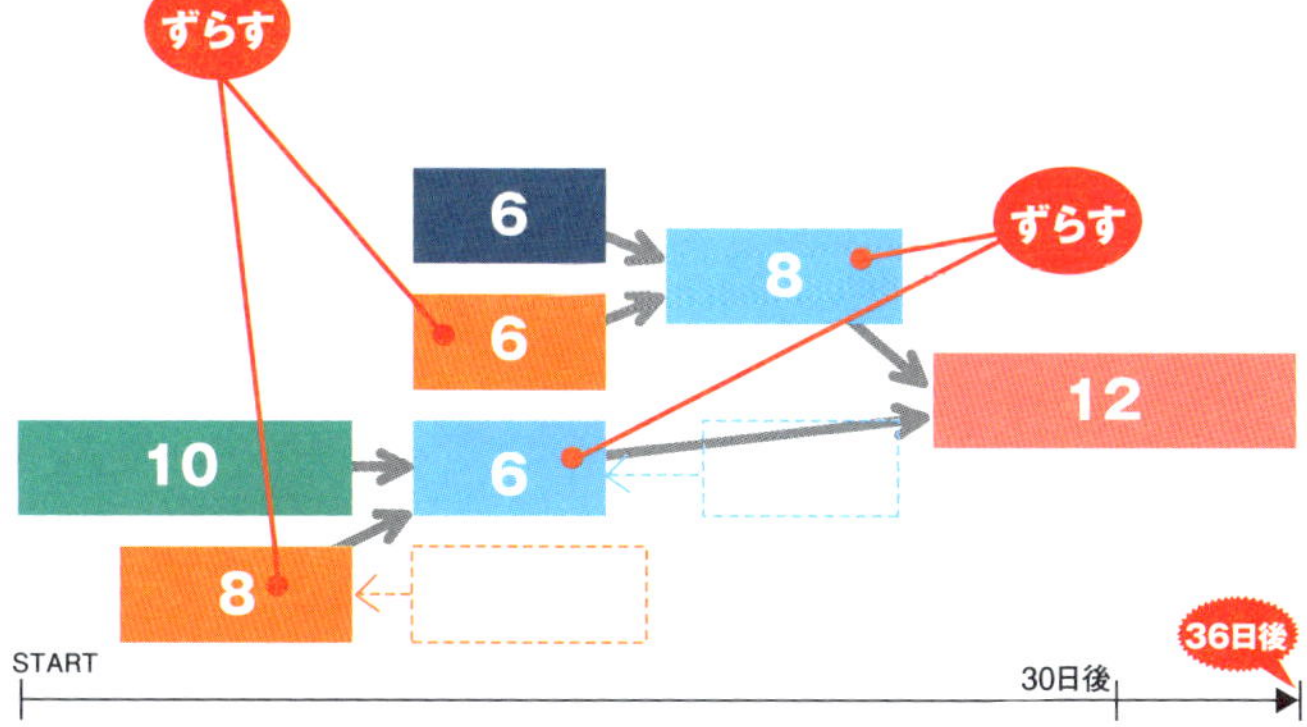

り作業をずらすしかないのである。

　図Bは、オレンジ担当とブルー担当の作業を優先順位を考えてずらしたものである。もっとも長いパスを探すと、残念ながら、期間は36日と20％もアップしてしまった。これでは競争力がなくなってしまう。たっぷりと納期を与えれば誰だって期間は守ることはできる。

　さて、この期間をどうやって短縮して、どう管理していくかがポイントである。そのためにどうするか、このもっとも長いパスに集中して期間短縮を検討していけばよい。

　この期間を決めている図Cに示すもっとも長いパスのことを**クリティカルチェーン**[3]と呼ぶ。

Step2 サバ取り

　次は、五分五分の期間と安全余裕にタスクを分ける。

　たとえば10日の工程について、その担当者が出した「10日」という見積もりには、今までの過去の痛い目にあった経験[4]から、約束した期間を守るための安全余裕

図C　もっとも長いパスを探す

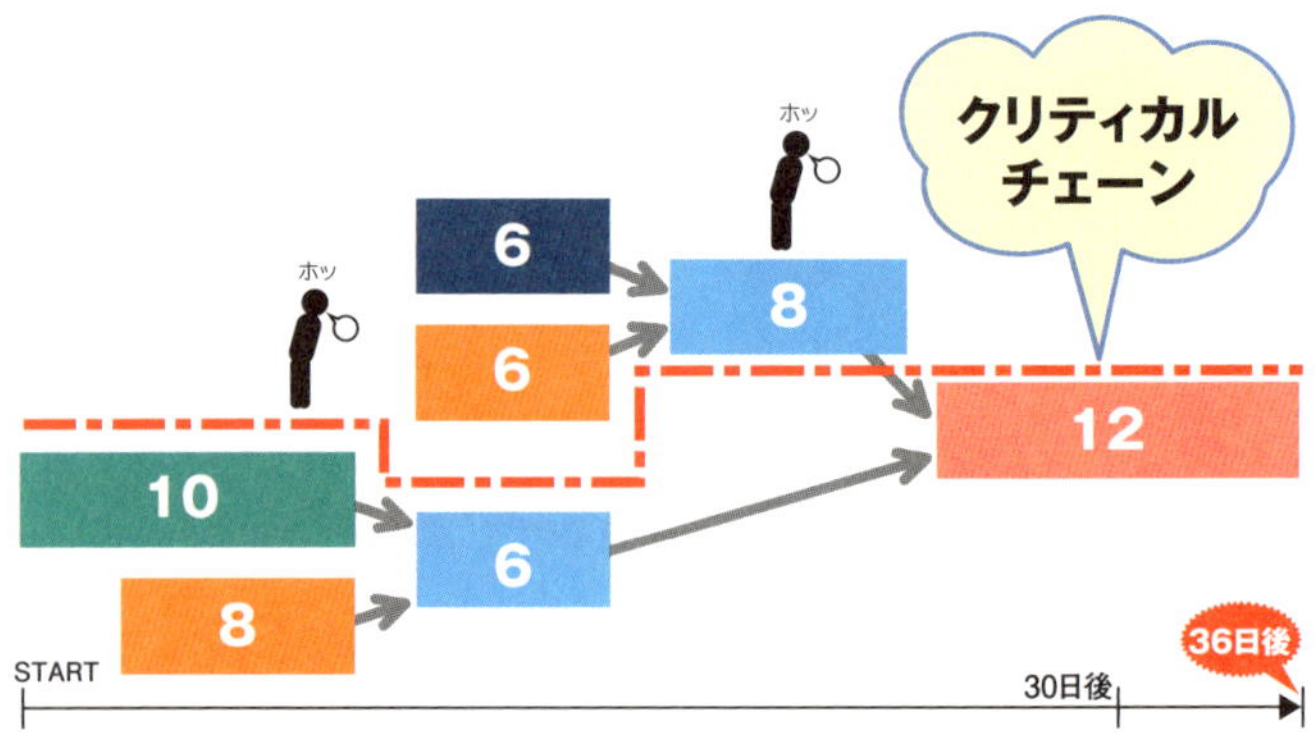

が入っているはずだ。

これに対して、本当に一つだけの作業に集中して終わるまで、誰も邪魔せず、しかも何もトラブルがなかったら、ギリギリでどのくらいでできるかを作業担当と詰め、できるかできないか五分五分のチャレンジ期間と安全余裕であるサバに分けていく。

こうして議論してできた期間は127ページのような図（図E）となる。それぞれのタスクからチャレンジとサバが分かれた工程表となる。このサバをいかに活用するかが期間

❸これはタスクの作業の手順の依存性だけでなく、重複するリソースの優先順位を配慮して引いた工程なので、通常のクリティカルパスとは厳密な意味では異なる。クリティカルチェーンの手法が開発されたのは約10年前であり、当時のクリティカルパスという定義は、PMBOKではリソースの重複までは配慮していなかったために、クリティカルチェーンと名づけたとのこと。詳細のエピソードは『クリティカルチェーン』（ダイヤモンド社）を読まれたし。最新のPMBOKの規定ではリソースの重複も配慮しており、同等の意味と考えてよい。ただクリティカルチェーンには、もっと人をベースとした積極的な意味があることを本書を通じて感じていただければと願っている。

❹ 24ページのTOC豆知識でも紹介したように、人は責任感があるからサバをよむ。でも、「サバは持っていますか？」と聞いたって、おそらく「ない」と現場は答えるだろう。では、同じ人に「責任感はありますか？」と聞いてほしい。おそらく「あります！」と答えるはずだ。プロジェクトは不確実なもの。その現実を認め、その中で納期を守ろうとするなら、サバは持っているはずと考えてよいことになる。

TOC豆知識

クリティカルチェーン

クリティカルチェーンは、ゴールドラット博士が、数千億円規模のあるプロジェクトで相談を受けたことから始まった。物理学者である博士は、プロジェクトのもっとも顕著な特徴である高い不確実性に目をつけた。高い不確実性に対処し、確実に納期までに納入するためには、安全余裕が必要である。博士が見つけたプロジェクトマネジメントにおける根本的な誤りは、安全余裕を個々のタスクに入れて見積もるという慣行である。

個々のタスクに安全余裕を入れることで個々の納期を守ろうというのは、一見問題がないように思われるが、そこには落とし穴がある。特にそれは、タスクの納期厳守を評価基準にしている場合に顕著となる。納期遅れの代償は大きい。それをわかっているから人は個々のタスクに安全余裕を自然に入れてしまう。ペナルティーが大きければ大きいほど、必要以上に安全余裕を入れたくなるのは人情である。しかも、個々のタスクに入れた安全余裕は、パート1で議論した人のサガによる行動によって、無駄に消費されてしまいがちになる。

常識的に考えれば、個々のタスクを守るよりも、プロジェクト全体の納期を守るべきで、そのためには、安全余裕は個々のタスクに入れるのではなく、プロジェクト全体を守るために入れるべきという、物理学者であるゴールドラット博士らしい考察から成り立っている。考えてみれば当たり前のことであるが、それをロジカルに誰でもできるように理論として構築するのが、科学者としての彼の姿勢である。

を短縮し、納期を守るポイントだ。

「チャレンジ」と「サバ」に分けると何が変わるのか？

各タスクを「チャレンジ」と「サバ」に分けることには、極めて大きな意味がある。

クリティカルチェーンでは、できるかできないかが半々の期間、つまりできる確率が50％の納期で設定することになる。言い換えると、50％の確率で、遅れが発生するのだ。それが、人間行動に好ましい変化をもたらす。

変わること　その1
▼経営の質の改善

人間は不思議なものだ。チャレンジ期間を設定すると50％の確率で遅れが発生することはやむを得ないと理解していたとしても、この厳しく設定されたチャレンジ期間でなんとか仕事を終わらせようとする。さらに、個々のタスクの中には安全余裕がないこともあり、そのギリギリに詰められた期間の中でもしも問題が発覚したとすると、現場は「これは危ない」とすぐにプロジェクトマネジャーに報告・

図D　サバをよんでいる工程を探す

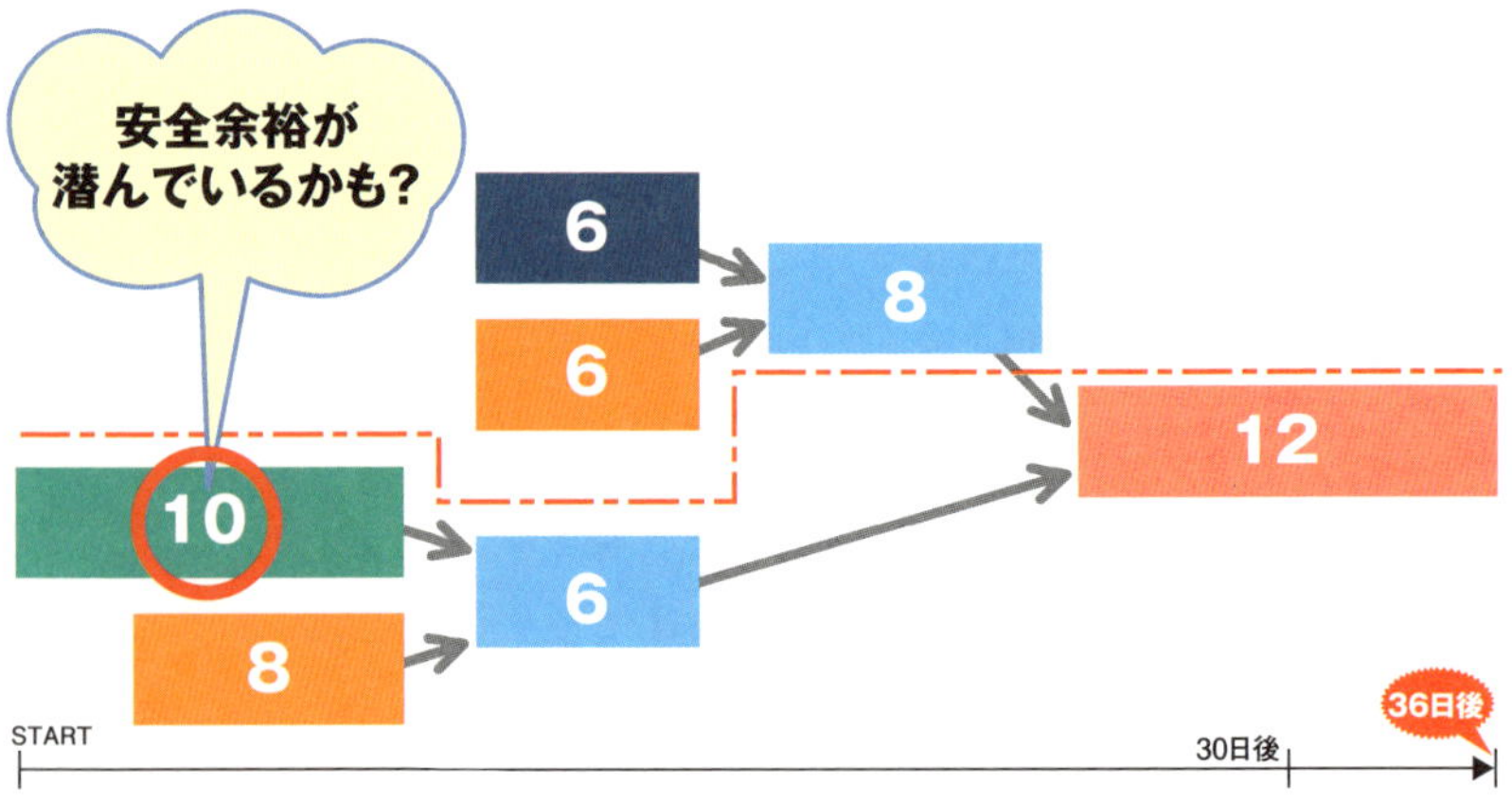
安全余裕が
潜んでいるかも？
6
6
8
12
10
6
8
START
30日後
36日後

相談するようになる。

逆にタスクの期間に余裕があれば、「思った通り問題が発生した。でも、この余裕を使って対処しよう」となり、必ずしも報告しない場合もある。また客先や社内のやむを得ない追加要求や仕様変更についても、余裕があれば現場判断で対応しようとする。

しかし、ギリギリの期間に詰められた場合は、それらを吸収するゆとりがないために、現場はプロジェクトマネジャーや経営層に相談せざるを得なくなる。つまり、**現場からの進捗の報告が格段に活性化される**。つまり、早め早めの報連相（報告・連絡・相談）が自然に実行されるようになるのだ。そのつどプロジェクトマネジャーや経営幹部は、問題・課題を会社または組織全体の経営の視点から検討し、経営判断のうえ、仕事が進むことになる。

ギリギリのチャレンジ期間を設定することは、プロジェクトに対して経営が関与する度合いを飛躍的に高める。それだけではない。現場も経営の支援を得ながら、安心して仕事に専念できるようになる。

図E　クリティカルチェーン上のタスクを五分五分に絞り込む

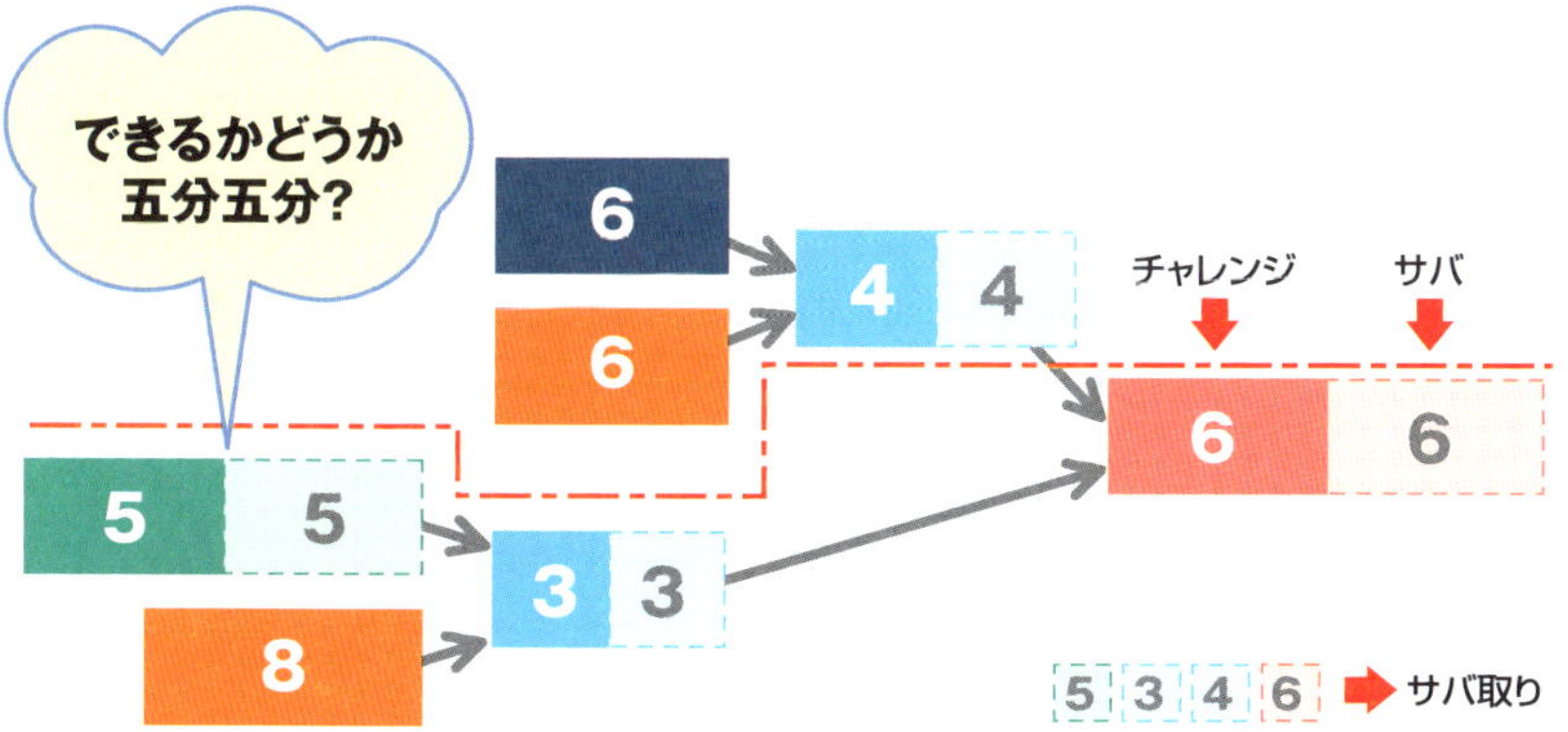
できるかどうか
五分五分？
6
6
4
4
チャレンジ
サバ
6
6
5
5
3
3
8
5 3 4 6
サバ取り

変わること　その2
タスクの作業の質の改善、知恵の共有

ギリギリの期間で作業をするとなると、この期間でタスクを完了するためには、「前もって○○をしなければならない」と、段取りを普段よりも深く考えるようになる。一人の知恵で厳しい期間を達成できるとは限らない。その場合は、必要な方法についてさまざまな人に相談したり、またベテランから段取りの仕方についてアドバイスをもらいに行ったりする創意工夫が自然に生まれるようになる。

組織の中に蓄積されてきた現場の暗黙知が、こういった形で、周囲の人間に自然に伝えられるようになるのだ。

これらのことは経営上大きな意味を持つことは明らかであろうが、もう一つ重要な点がある。

それは、信頼関係の構築ということである。現場からの報告・連絡・相談が活性化し、経営が積極的に判断に関与していけば、プロジェクトマネジメントの現場と経営の距離を縮める。また若手が厳しい期間を達成するためにベテランと相談していけば、知恵の共有が進み、若手とベテランの距離を縮める。そしてプロジェクトだけでなく、会社または組織に、信頼関係を構築することにもつながるのである。

Step3 各タスクから出てきたサバをまとめる

24ページでも説明したようにサバは、もともとは納期を遅らせてはいけないという責任感から来ている。つまり、これらのサバは個々のタスクの責任感5の塊のようなものである。これらの個々の責任感の塊を一つにまとめたらどうだろうか。責任感を一つにまとめるということは、責任感を共有するということ。すなわちチームワークをよくする源泉となる。プロジェクトチーム全体のチームワークがよいプロジェクトと悪いプロジェクトでは、どちらが結果がよくなるかは明らかであろう。

これを工程表で行なっていくには、図Fのように、それぞれのサバを一つにまとめればよい。一つにまとめられたものは、プロジェクト全体の納期を守る安全

5 個々のタスクに安全余裕があるということは、個々の不確実性による遅れは、それぞれの安全余裕でなんとかしなければならないということである。これだけ考えるともっともに思えるが、そこには落とし穴がある。個々のタスクを自分のところでなんとかしなくてはならないという思いが強くなりすぎる（特に納期の厳しいプロジェクトではそうなりがちになる）と、全体の視点がおろそかになってしまい、自分のところさえちゃんとやればよいというふうに、人の行動が、つい部分最適に陥りがちになることである。個々のタスクに安全余裕がある工程は、部分最適に陥りやすい工程表なのだ。それに対して、CCPMの工程表は、安全余裕を全体で共有することで、考え方の視点を部分から全体へと向け、人の行動を自然に全体最適へとみちびくようにロジックが組まれている全体最適の工程表なのだ。

余裕の役割を果たしている。これを**プロジェクトバッファ**という。

クリティカルチェーン上の各タスク担当は、個別に持っている余裕がなくなったので、目標の日程でやるためには、ほかのことをする余裕などなく一つの作業に本気で集中して仕事をしなければならない。次の作業を担当する人も前の作業がいつ終わるか、バトンが来るのを今か今かと待ち受けている。

このクリティカルチェーン上にある各担当は完全に活性化され、あたかも一つのチェーンでつながっているかのように、しかもギリギリの期間で挑戦する工程となる。

Step4 納期を決める

134ページの工程表（図G）を見てほしい。この期間は各担当がギリギリの期間で5日＋3日＋4日＋6日で作業を約束してくれたものである。

全部がうまくいって何も問題が起こらなければ、全部で18日でできてしまう工程表で、その後に18日のバッファがついている。ちょっと長すぎると直感的に思わないだろうか？　本当に

TOC豆知識

プロジェクトバッファ

プロジェクトは主に3つの特徴を持つといわれる。それは、個別性、有期性、不確実性である。平たくいってしまえば、今までやったことのないことを、不確実性と戦いながら期限を守ることがプロジェクトマネジメントといえるかもしれない。

中でも、プロジェクトの顕著な特徴は、不確実性であろう。その不確実性に対して、はっきりとそれを認めて、バッファをきちんと持って対応しましょうというのが、クリティカルチェーンプロジェクトマネジメントの潔いところである。

不確実性に対するバッファを視覚化して、マネジメントする。これは、プロジェクトマネジメントに限らず、TOCの核の概念の一つである。世の中には変動はつきものである。それに対応するためのバッファというゆとりを持つと同時に、さらに、このバッファを活用して、変動にいかに素早く対応し、全体最適のマネジメントを実現するかというロジックを提供するのが、バッファマネジメントである。プロジェクトにおけるバッファマネジメントはパート6で議論していく。

生産や流通業のバッファマネジメントは、拙著『よかれの思いが会社をダメにする――飛躍的成長を実現する全体最適のマネジメント』（ダイヤモンド社）をご覧いただきたい。

18日もバッファは必要だろうか？

18日のバッファのうち、もともと全部遅れるわけでもない。タスクの期間をできるかできないかの50%で設定したということは、その期間でできる確率が50%。一方、その期間内で終わらない確率も50%。だから、プロジェクトの終わりにつけているそれぞれのバッファを使う確率も半々である。つまり、この表の4つのバッファの使われる確率はそれぞれ、半々なのである。

このバッファを使う確率も半々と考えれば、18日を半分の

図F　責任感の塊、サバをまとめてチームワークをつくる

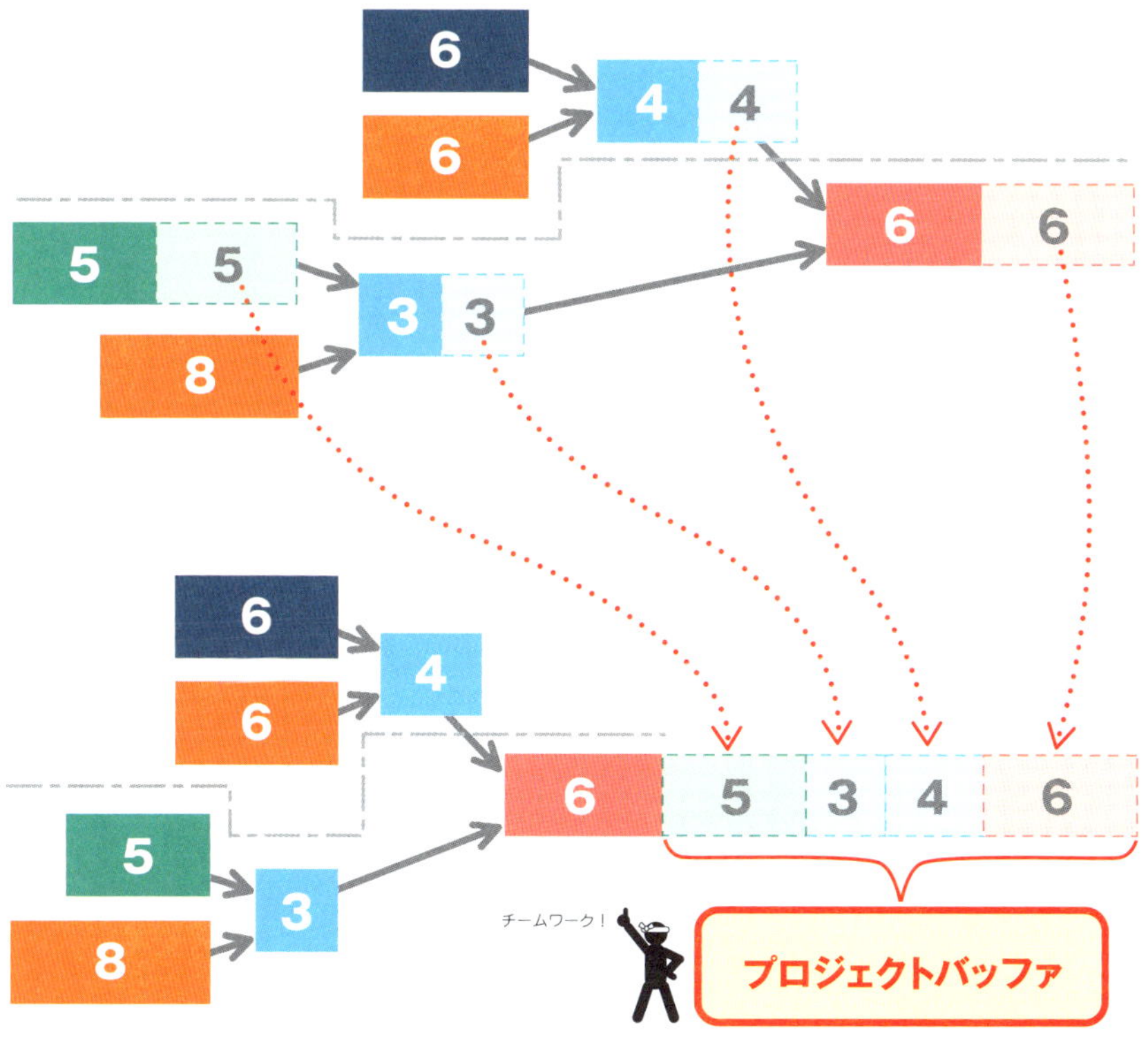

9日にしても十分である⑥と考えて納期を決めてもよいのではないだろうか。

この際、この半分というのは目安で、バッファの期間を決めるのは、**経営の意思決定**である。たしかに、できるかできないか五分五分の期間とすることで、バッファの消費される確率が五分五分になり、「バッファはギリギリの期間の半分でよい」という数字上で語ることもできるかもしれない。こう考えると、期間を4分の3に短縮できることになる。

しかし、このバッファの期間については、自動的に50%とするのは戒めていただきたい。

バッファは経営の視点から大きな意味を持つ。プロジェクトの納期が決まっている場合、バッファの量の分だけ、プロジェクトを早く開始しなければならない。つまり、バッファは、「いつプロジェクトを開始するか」という経営のルールとなるのだ。通常、プロジェクトは大きな不確実性がある。現場に任せれば、なるべく早くプロジェクトを始めてしまうのが人情であろう。しかし、その早く始めた期間だけ会社の資金を早く使い始めることになる。これを全プロジェクトで行なえば、それだけ資金とリソースが必要になる。

したがって会社としては、経営状況を踏まえ、どれだけのリスクがあるかを考え、資金繰りも考慮したうえでバッファの量を決めることが経営判断になる。事業実績を問われるのは、経営である。**そのプロジェクトの現場や環境に合わせて**

TOC豆知識

経営の意思決定

ゴールドラット博士は、バッファを標準の半分以下にすることに対して、警鐘を鳴らしている。プロジェクトの状況によっては、たしかにバッファが取れないこともあるだろう。しかし、バッファの量をゼロにしたら、人は納期を守りたい一心で、結果的にタスクにバッファを入れてしまうこととなってしまう。すると、プロジェクトは、元通りの状態に戻ってしまうのだ。

プロジェクトは不確実性がつきものである。その現実を認めるならバッファはどうしても必要なのだ。どうしてもバッファが十分に取れないときは、マネジメントが入ってリソースを増やすなどの工夫で、タスクの期間を短縮してゆとりをつくるようにするか、または納期を延期して、バッファを確保するかを推奨している。

また、パート6でバッファマネジメントを紹介するが、このバッファが手遅れになる前に、経営幹部が現場を支援することを可能にする。言い換えれば、バッファがなければ、手遅れに

どのくらいのバッファを持つかは経営の意思決定によるのだ。

合流バッファ

クリティカルチェーン上のタスクは非常に重要であるが、プロジェクト全体を考えるとクリティカルチェーンに対して合流する作業もある。

図下で見ると、**オレンジ色**の6日のタスクなどがこれにあたる。このタスクが遅れると、実際にはクリティカルチェーン上の**青色**の4日のタスクの開始が遅れてしまう。クリティカルチェーンは納期にかかわる工程なので絶対に遅らせたくない。

この場合も、先ほどと同じやり方が適応できる。6日に対してギリギリの期間を議論していく。そして3日をチャレンジ納期として担当と約束したなら、3日のバッファが出てくる。しかし、

❻実はプロジェクトマネジメントの世界ではよりよい工程表を引くために、「期間短縮をするべし」という話をたくさんの現場で教えていただいた。現場で長年伝えられてきた経験則とこの方法が合っているということは、実用性が非常に高いと考えてよいのではないかと考えている。

●合流バッファ

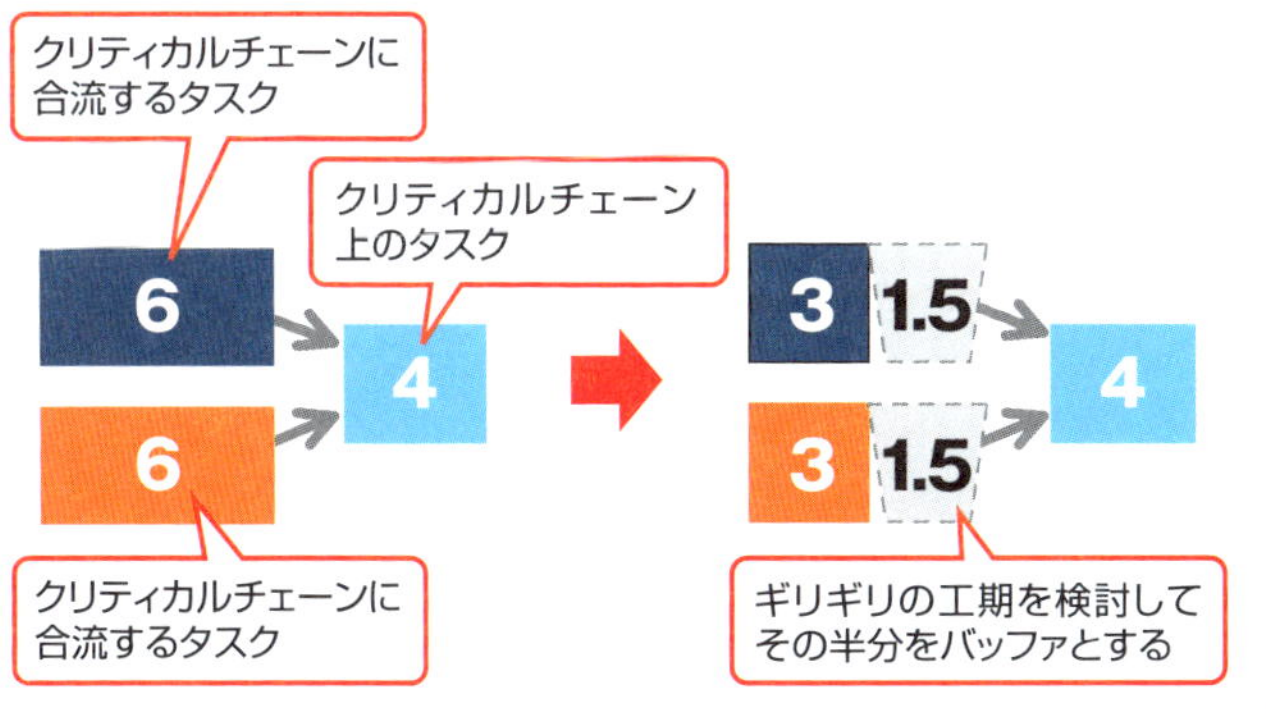

クリティカルチェーンに合流するタスク
6
6
クリティカルチェーンに合流するタスク
クリティカルチェーン上のタスク
4
3
1.5
3
1.5
4
ギリギリの工期を検討してその半分をバッファとする

なる前に経営幹部が手を打つことがむずかしくなり、現場が問題を背負い込んでしまうことになりかねない。こういうことを防ぐためにも、バッファを確保すべきなのだ。

図G　納期を決めると４分の３の長さに

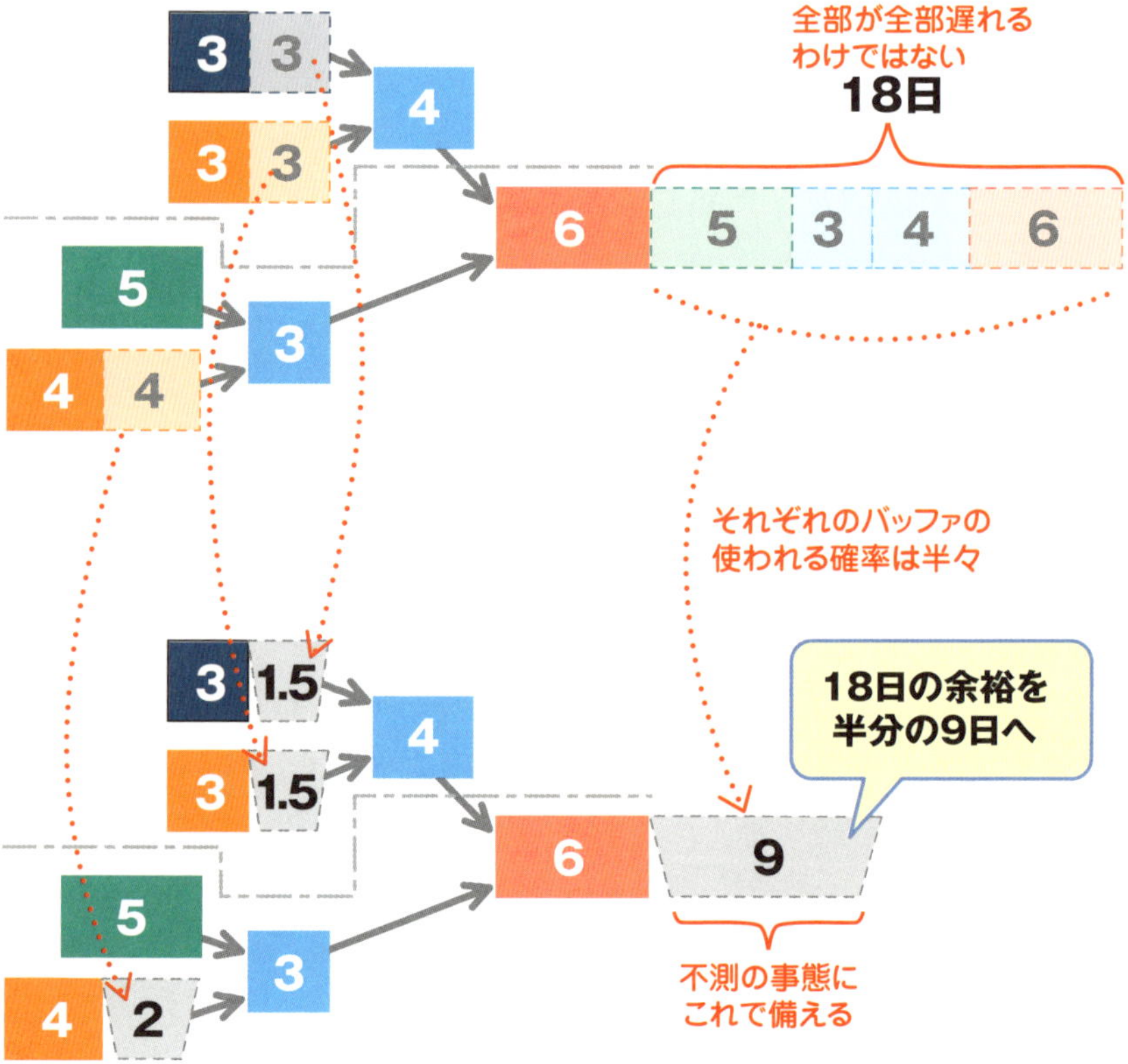
全部が全部遅れる
わけではない
18日
それぞれのバッファの
使われる確率は半々
18日の余裕を
半分の9日へ
不測の事態に
これで備える

3日の作業期間に対して本当に3日のバッファ必要だろうか？　これも、先ほどのバッファの考え方と一緒で、ギリギリの期間でできる可能性が50％であることを考えれば、バッファの使われる確率も50％となり、バッファの期間は、半分を目安とできる。そこを検討して必要なバッファを挿入する。3日のチャレンジ期間に対して、バッファは半分で十分と判断するなら、1・5日のバッファである。この1・5日のバッファはクリティカルチェーンを遅れから保護するもので、**合流バッファ**という。

どっちの工程表の納期が守れそうですか？

次のページの工程表を比較してほしい。上の工程表はそれぞれのタスクにサバが潜んでいる。そして全体の期間は36日である。下の工程表は、各担当はサバがなく18日をターゲットに作業を進め、その後に8日のプロジェクトバッファがあり、全体で26日である。

どちらのほうが納期が守れると直感的に感じるだろうか？　納期の長いほうだろうか？　短いほうだろうか？

少なくとも私がプロジェクトマネジャーだったら、**より短期間**の下の工程表のほうがはるかに管理しやすいし、納期も守れる気がする。

それぞれの担当は、ギリギリの期間にするために最大限の努力をする。

TOC豆知識

より短い期間

CCPMでは、一般に最低でも25％の期間短縮が可能であるといわれている。この短くなった期間を強みに売上げにつなげるということも重要である。期間短縮がいかにお客様の利益に貢献するかを、お客様の立場に立って『思考プロセス』で考え、それを提案すればよいのだ。

そういった知識体系は、ゴールドラット博士の開発した「戦略と戦術のツリー」に凝縮されている。「戦略と戦術のツリー」については、拙著『全体最適の問題解決入門』の第7章を参照にしてほしい。また、英語ではあるが、ゴールドラット博士本人による「戦略と戦術のツリー」をベースとしたプロジェクトマネジメントのWEB講座（The Goldratt Webcast Program on Project Management）もある。無料で見えるハイライトがあるので、参考にしてほしい。

https://www.toc-goldratt.com/webcast/ccpm/extract/

●どちらの工程表のほうが納期を守れる可能性が高いと感じますか？

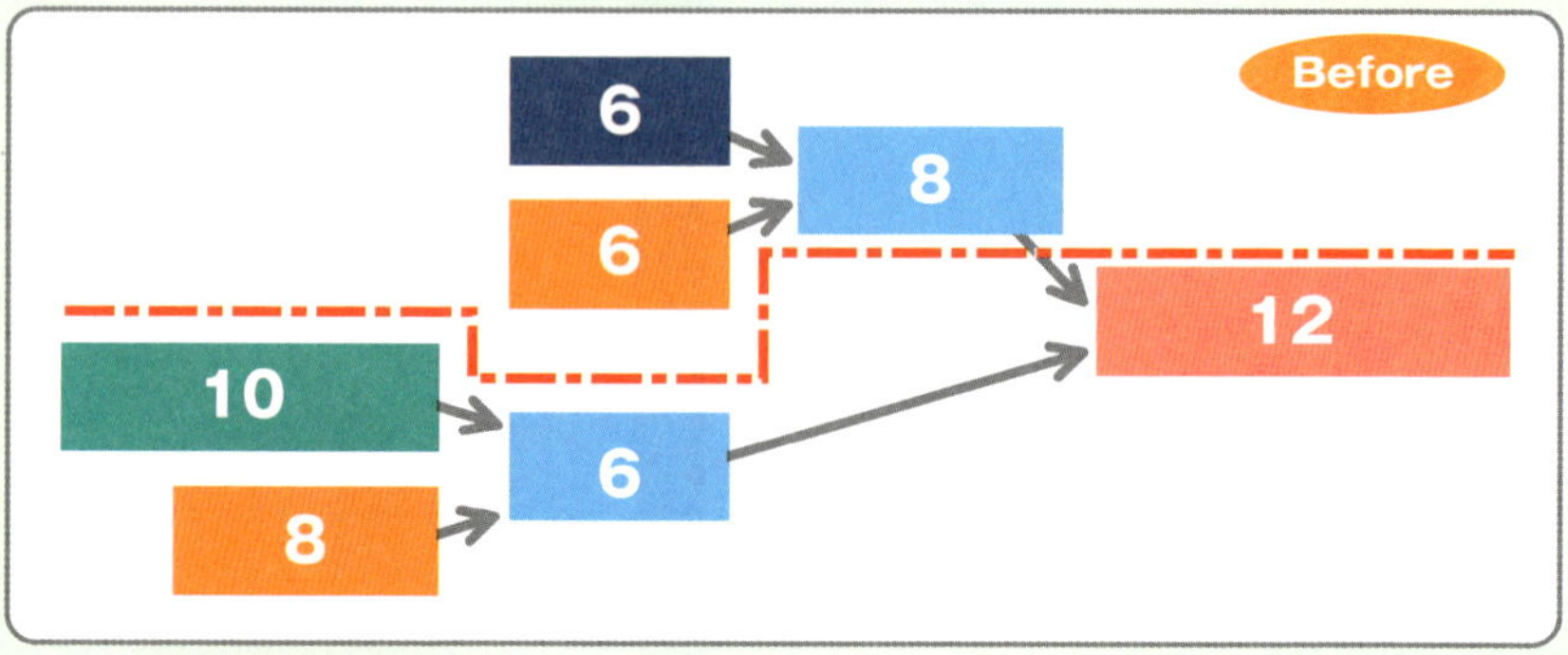
Before
6
6
8
12
10
6
8

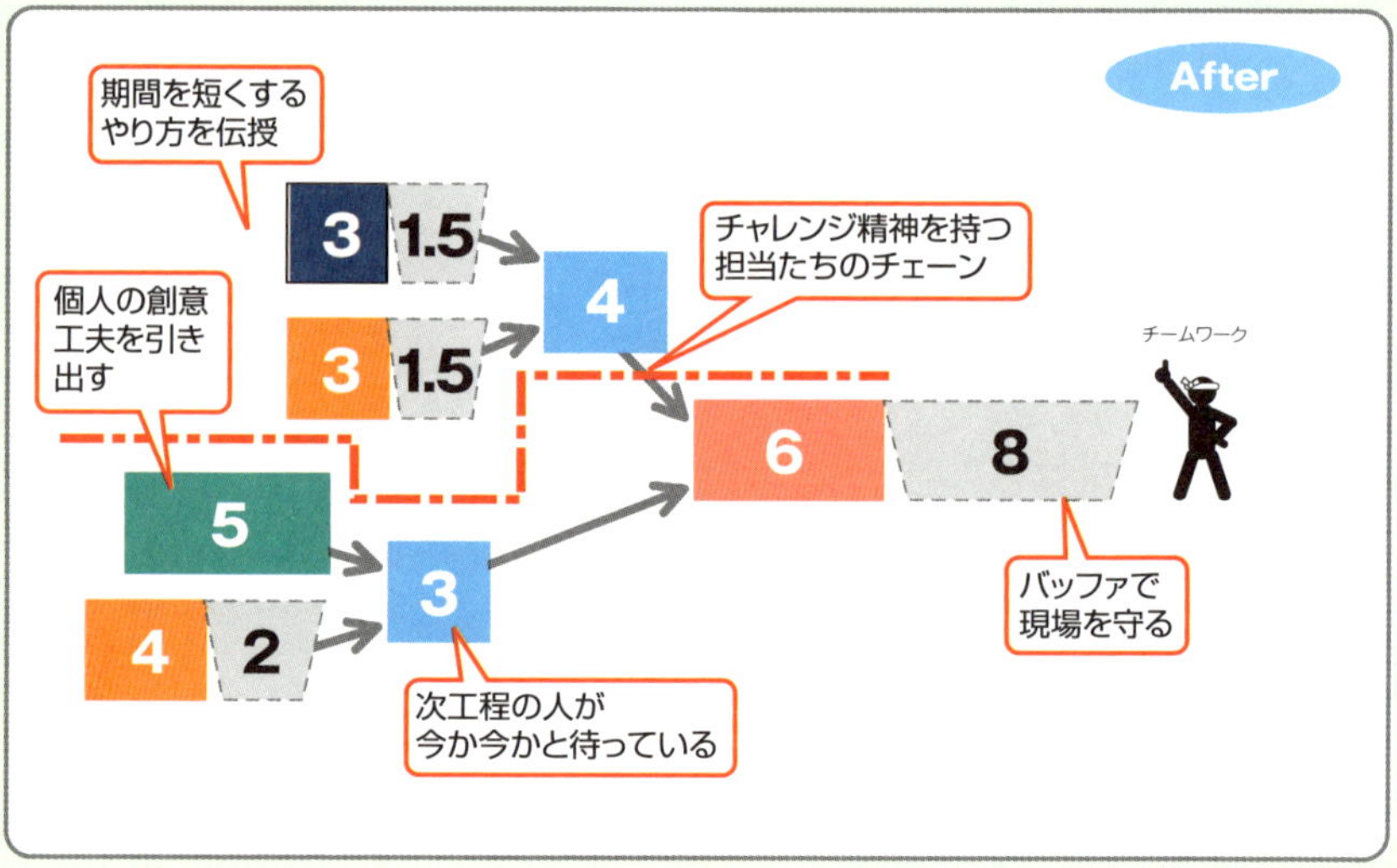
After
期間を短くする
やり方を伝授
3
1.5
4
3
1.5
チャレンジ精神を持つ
担当たちのチェーン
個人の創意
工夫を引き
出す
チームワーク
6
8
5
3
4
2
バッファで
現場を守る
次工程の人が
今か今かと待っている

ベテランの知恵も借りて、議論をしっかり行ない、自分でもその納期を守るために創意工夫を行ない、そして次のタスクの担当は今か今かと待っている。さらにみんながチャレンジの期間を守ろうと必死になっている。

そのうえで、8日のプロジェクトバッファが納期を不確実性から守ってくれる。しかも、それはプロジェクトメンバーのチームワークの源泉でもある。バッファは、自転車のチェーンのたるみを想像してもらってもよい。チェーンをガチガチに張ってしまうと、チェーンが外れたり、切れたり、寿命が極端に短くなったりするらしい。人間が、もしもそういう張り詰めた仕事をずっと行なったらどうなるか？　危険なプロジェクト現場の場合、取り返しのつかない事故にもつながりかねない。それを考えれば、バッファには人間的なあたたかい思いやりがあることがご理解いただけるであろう❼。

❼プロジェクトバッファは一見、プロジェクトマネジャーに権限を集中したように見えてしまうが、実際にはそれは異なる。各作業担当の遅れの保険を共有して貯金して、いざというときに貯金から必要なだけ使う、遅れのリスクを共有する保険のようなものである。実際にバッファを「見える化」するということは、プロジェクトの「ゆとり」をみんなで共有することになる。これがチームワークの源泉になり、お互いに協力し合うことが自然に行なわれるようになる。

ゆとりはつくるもの

はじめに納期ありき

はじめに納期ありきがプロジェクトの現実。必要工数を見積もって納期を決められるなんてことは現実には滅多にない。競争が激しければ激しいほど、そして、重要なプロジェクトであればあるほど、納期はなんらかの外的要因で決まってしまうものだ。だから、プロジェクトの実務は、決められた納期に合わせて、いやそれ以上に早く、いかにプロジェクトを仕上げるかということに頭をひねることが多いのが現実だ。

「ゆとりはつくるもの」と昔からよくいわれているように、決められた納期に対していかにゆとりを持ってプロジェクトを進めるか、それが現実的な課題となる。

個々のタスクを吟味して、五分五分の期間と安全余裕に分けていく議論は、すなわち、個々のタスクから、安全余裕、つまりサバを取っていく議論となる。これを実際に行なうのは大変骨の折れる作業である。もっと、効率的にゆとりをつくりながら、期間を短縮する方法はないだろうかと考え出したのが、**サバを取る代わりにサバを入れてあげる**という方法だ。まるで逆転の発想だが、これは極めて効果的だ。

人は、誰しもゆとりを持ちたいもの。ゆとりを持つことには誰しも反対しない。逆にゆとりを取られるのはイヤなもの。ゆとりを取られるくらいなら、ゆとりを確保するために、前もって段取りをよくして、なんとかゆとりを確保したくなるのが人のサガだ。

クリティカルチェーンでは、できるかできないか五分五分のタスクの期間に対してバッファを50％つけることになる。できるかできないか五分五分であるかは別として、強引にバッファをつけていく。ゆとりを持ちたいのが人のサガ。タスクには、おそらくすでにサバは潜んでいるだろう。それに加えてさらにバッファを50％強引に加えるのだから、普通は、とても納期に間に合わない工程表ができあがる。

つまり、このままでは、ゆとりを持つと納期が間に合わないという現実が、プロジェクトメンバーで共有される。そこで、なんとかプロジェクトバッファを確保したいと積極的にみんなで知恵を出すようになる。実際にやるのは実に簡単だ。

Step 1 段取り工程表をつくる

まずはパート4で説明した方法で、後ろから段取り工程表を作成し、それぞれのタスクに期間とリソースを入れていく。この時点では、タスクにサバが入っているか意識しなくてもいい。みんなでこれならできるという期間を各タスクに入

れていく。

Step2 クリティカルチェーン上の期間を確認する

マルチタスクが起こらないように配慮して工程表を調整し、クリティカルチェーンを確認する。クリティカルチェーン上のタスクの合計の期間を計算する。

Step3 バッファを入れて納期を確認する

ステップ2で示したクリティカルチェーン上の期間に50%のバッファを加えて、この納期がプロジェクトのODSCで掲げられた成功基準の納期に合致するか確認する。おそらく間に合わないのが普通だ[8]。

Step4 クリティカルチェーン上の長いタスクを確認する

クリティカルチェーン上のタスクを長いものから順番にチェックする。

Step5 みんなで短縮する方法について知恵を絞る

●段取り工程表をつくる

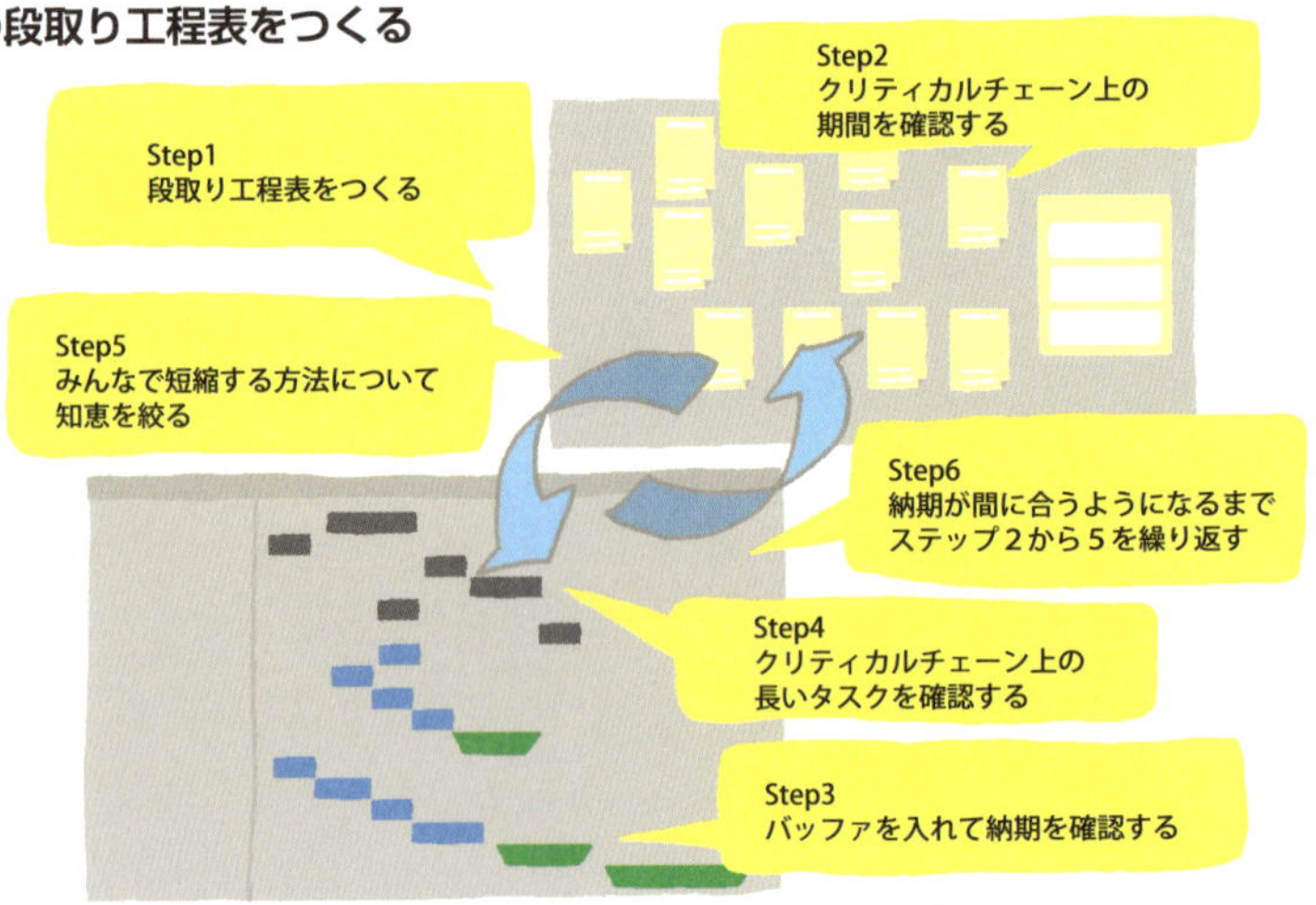
Step1
段取り工程表をつくる
Step2
クリティカルチェーン上の
期間を確認する
Step3
バッファを入れて納期を確認する
Step4
クリティカルチェーン上の
長いタスクを確認する
Step5
みんなで短縮する方法について
知恵を絞る
Step6
納期が間に合うようになるまで
ステップ２から５を繰り返す

クリティカルチェーン上のタスクを長いものから順番に、どうやって短くするかみんなで議論する。

Step6 納期が間に合うようになるまでステップ2から5を繰り返す

納期が間に合うようになるまで、ステップ2から5を何度も繰り返す。

納期を短くする方法は作業の期間を短くするだけではない。むしろ、長すぎるタスクを分けて並行にすることを考えたり、一緒にできる作業をまとめたり、作業の順番を見直すほうが効果的なことも多い。

一般に極端に長いタスクは、大きな不確実性が見込まれるタスクであることが多い。この不確実性は、プロジェクトの内部というよりも、ほかの部署や外部との連携や調整などの外部要因からくることも少なくない。その場合、経営幹部の鶴の一声で短縮するという手もありうるので、経営幹部のタスクを工程表の中に

❽間に合わないことがわかると、どこでも急にチームワークがよくなるのがいつも不思議だが、昔からこれを「尻に火がつく」というらしい。

加えてしまえばいい。ＯＤＳＣの作成を通してみんなで議論し、共有された高い目標だから、経営幹部の支援、さらには外部の支援も得られやすいはずだ。

期間を短縮するときの議論に使う効果的な質問は次の通りだ。

「短くするうまい方法はないですか？」

「タスクを並行にやれることはないですか？」

「段取りを見直すことで、短くすることはできませんか？」

「経営幹部から助けてもらうことで、短くする方法はありませんか？」

「本当に五分五分ですか？」

未来を変える「ゆとり創造型サバ取り段取り」

実際にやってみると実感されると思うが、全部の作業を一つひとつサバ取りしていくと結構疲れるが、クリティカルチェーン上に集中してチームで議論していくのは楽しいものだ。プロジェクトバッファを確保するために、自分のタスクのサバをはき出し、自ら期間を短縮すると手を挙げてくれる人も出てくる。気がついてみると、みんなが自然にクリティカルチェーン上の作業を短くするために集中して、創意工夫をしているのだ。

プロジェクトは何が起こるかわからない。だからみんなバッファを十分に持ちたい[9]のだ。現時点で考えられるあらゆる手を使って、クリティカルチェーン上の作業を工夫して、**プロジェクトの「ゆとり」をみんなでつくるための議論に変化していく**。これを「ゆとり創造型サバ取り段取り」と名づけてみた。みんなの一体感が出てきて、ほかの部署や経営幹部からの支援が得られ、プロジェクトメンバーもうれしくなって、信頼関係も広がっていく。

一連の繰り返しの議論は、まるで現在と未来を行き来している気持ちになってくる。その中で、本当に実際にやれるとみんなが実感してしまうから不思議なものである。キザな言い方だけど、どんな厳しい状況でも**「未来は変えられる」と実感してしまう**のだ。実際、私自身、絶望的な状況に追い込まれた多くのプロジェクト現場において、この方法を一緒に実践させていただいたが、みなさんが見事にすばらしい未来に変えるのを見てきた[10]。「ゆとりはつくるもの」とよくいわ

[9]「サバを取るか？」「ゆとりをつくるか？」——どちらも同じだが、「ゆとりをつくる」ほうが前向きな議論となるのが不思議だ。

[10]私のような人間が呼ばれるのは一般に修羅場といわれる場面が多い。数百億円の社命をかけた、それも破綻しかけたプロジェクトを半日でなんとかしなければならない場面も何度か経験してきたが、そのつど、みなさんが一つになってすばらしい未来をつくって、後日ゆとりを持って実現したとのうれしい便りをいただくことも多い。未来は変えられるということをいつも実感し、感動するワタクシである。

れるが、それはこういった議論で生まれるものだと実感することができる。

極意其の八 みんなで集まる

人は、不確定要素が大きいものに、安全余裕を見積もりがちだ。不確定要素が大きければ大きいほど、安全余裕がタスクの中に入ってくる。集まるメンバーがよくわかっているタスクは、期間を詰めることができるが、それをやっていると自然に、議論に参加していないメンバーのタスクの期間が長いままとなり、それがクリティカルチェーン上にのってくることになる。その場合、そのタスクの担当にも入ってもらい、一緒に議論するのが期間を短くする一番手っとり早い方法だ。

タスクを担当するのは、内部のメンバーには限らない。協力業者などもありうるだろう。彼らにも積極的に議論に入ってもらおう。多くの場合、自分のタスクがプロジェクト全体で重要なことに気づき、協力が得られるだけでなく、「こういう腹を割った議論がしたかったんだ」と感想をもらうことも多い。みんなで集まるのは大変だということもあろうが、実際に打ち合わせに必要なのはたいてい1日以下、多くても、せいぜい数日のはず。このすり合わせが不足して、手直しがあとで発生すると数日の後戻りはよくある現実を考えれば、最初にしっかりとすり合わせすることの大切さがわかるだろう[12]。

修羅場のプロジェクト

プロジェクトの最中でも、クリティカルチェーンは実行することができる。クリティカルチェーンは、後ろから議論していくので、プロジェクトの最中でも実行は可能なのである。多くの場合、修羅場のプロジェクトであればあるほど、クリティカルチェーンは効果を実感できることが多い。

クリティカルチェーンでやることは、目標をＯＤＳＣで明確にして、段取り八分で工程表を引いて、さらに期間に間に合わせるために、みんなでゆとりをつくるために議論していくこと。これは、修羅場のときにベテランプロジェクトマネジャーが直感的にやっていることと一緒なのだ。

クリティカルチェーンを修羅場で実践すると、関係者や経営幹部の関心も高く、支援も得られやすい。彼らの小さな支援やアドバイスで、プロジェクトの状況が

⓬工程表の作成は、ベテランにも入ってもらって、みんなで打ち合わせすれば、たいていの場合、半日でできるが、中には不確実性が高く、かなり頭をひねらなければならないプロジェクトもある。その場合、工程表を完成するのに数日間かかることもあるだろう。工程表の議論だけで数日もかけていいのかと現場のフラストレーションがつのり、準備が整う前に、つい作業に着手したくなることもある。でも、考えてみてほしい。準備不足で始めたせいで、後でやり直しが発生したら、最低でも数日、それどころか数週間、数カ月の後戻りはザラではないだろうか？それを防ぐためにも、最初が肝心。ぜひ、グッとガマンして、段取り八分を実践していただきたい。やってみるとわかるが、プロジェクト関係者の頭の中に工程表が入ってしまい、みんなの連携もよくなる。こういうことがわかっているから、ベテランの方々ほど、このやり方を支援してくれることが多い。実際に、プロジェクトが終わってから「あのときに、やっておいてよかった！」と感想をいただくことも多い。

大きく変わることも、実感してくれる。こういった状況でつくられた工程表は、質がとても高いことが多く、今後の標準工程表のひな形にも使えることが多いのだ。

繰り返しのタスク

研究開発などのイノベーションが必要なプロジェクトの場合、さまざまな試行錯誤が必要不可欠となる。その場合には、クリティカルチェーンの適用はむずかしいのではないかという質問がよくある。しかし、実際にやってみると逆に簡単だというのが現場の方々の意見である。

プロジェクトには期限と予算はつきものである。まずはＯＤＳＣを作成し、それを明確にしていく。ここで重要なのは期限だ。狙っていた特性や機能が出てくるまで何度でも試行錯誤の繰り返しを予定していたプロジェクトが、実は、それを無制限の回数できるわけではないということがわかる。プロジェクトは有期性の事業、つまり期限がある。その期限内で合意した成功基準をクリアするためには、試行錯誤の繰り返しの回数も限られてくるのだ。

実際に工程表を引いて期限を確認してみると繰り返しの許される

●イノベーションを伴う繰り返しの試行錯誤

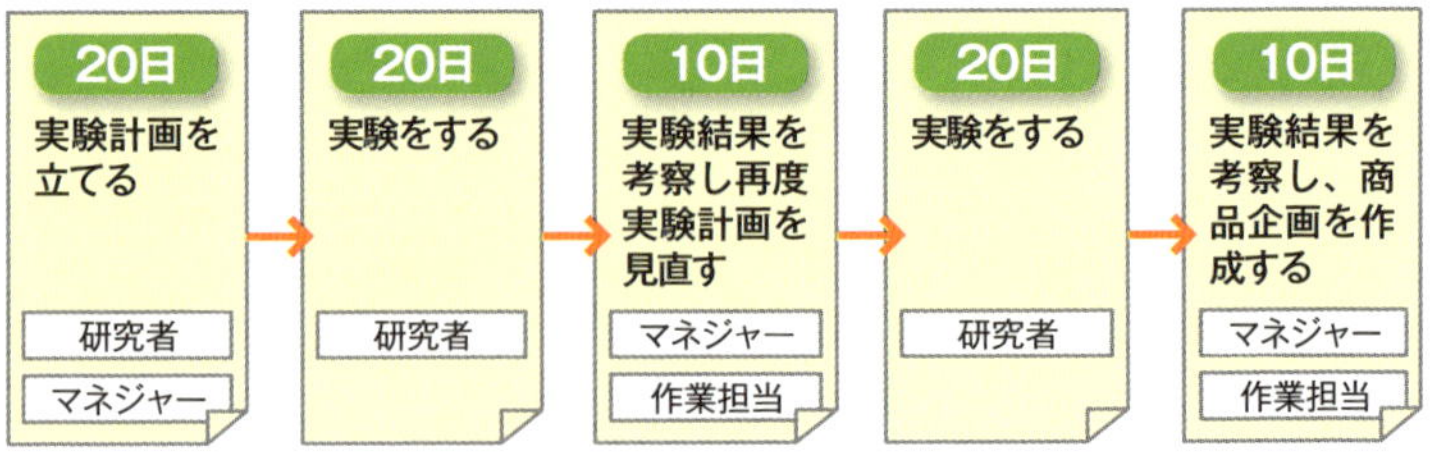
20日
実験計画を立てる
研究者
マネジャー
20日
実験をする
研究者
10日
実験結果を考察し再度実験計画を見直す
マネジャー
作業担当
20日
実験をする
研究者
10日
実験結果を考察し、商品企画を作成する
マネジャー
作業担当

回数が明確になるのだ。たとえば、一回に20日かかる実験と評価を繰り返し行ないながら、材料を絞り込んで商品企画に持ち込むようなプロジェクトの場合が146ページの図である。特性を確認するための実験に20日は必ずかかってしまう。会社の方針でこの商品の開発は短期間にやってしまわなければならないが、具体的に検討してみると、実は2回の試行錯誤の実験を繰り返し、商品企画をするためには、最初の実験計画の2回を加えると期間的に80日かかるという計画になる。3回実験をするとさらに実験に20日、そして実験結果を考察して、実験計画を見直すのに10日、合計で、30日余計にかかる。実験結果をまとめて商品を企画するのに、3回の繰り返しの合計で110日。これがギリギリの納期である。

不確実性がなければよいが、何が起こるかわからないことを考えると、この110日にバッファ50％をつけ加える必要が出てくる。すると全体納期が110＋55＝165日となる。会社の求める期限は120日。これでは納期が間に合わない。もう一度考えてみる。最初の2回の実験とそれを商品企画にしてまとめるだけで、全部で80日。それに不確実性を考慮したバッファ50％を加えると120日である。

この場合、会社の求める期間でプロジェクトを成功させるためには2回の繰り返し実験しか許されないことが確認されるのである。しかし、ここで確認された事実はとても重要だ。

・会社の求める納期でプロジェクトを成功させるためには、2回の実験で成果を出さなければならないと現場が認識する
・2回の実験で成果を出さなければならないとなると、2回の実験で成果を出すために、密度の濃い実験となるように議論がされる
・万一遅れたとしても、バッファは50％ある。つまり最悪、2回の実験でうまくいかないとしても、あと1回の試行錯誤が許される。
・3回の実験でも結果が出ない場合でも、今度は、プロジェクト全体のほかのタスクの中から取り出されたバッファの中で吸収できる
・最悪、何度実験しても結果が出ない場合は、プロジェクトの初期段階でこの繰り返しの試行錯誤によりバッファが大量に消費されていることが、プロジェクトチームメンバーやプロジェクトマネジャーだけでなく経営幹部にも共有され、そのための対策が、手遅れになる前に会社の全体の問題として議論され、実行されるようになる

このやり方は実はイノベーションを伴う研究開発[12]にこそ向いていて、研究開発者と経営幹部の信頼をつなぐ絆となり、企業に大きな競争力の強化[13]をもたらすというのが、実際に導入されている企業の方々の共通の感想である。

懸念事項を解消する「気因解利」

工程表ができあがったら、ここでもう一つやることがある。それは、懸念事項をプロジェクトメンバーから聞くことだ。ここまで議論したら、プロジェクトメンバーも何をすればよいか、きっと頭にきちっと入っているようになる。だからこそ、懸念事項もより見えるようになる。それを聞き出してリストアップする（151ページの表参照）。

リストアップしたら、その懸念事項一つひとつに対して、なぜその懸念事項を感じているのかの原因を教えてもらい記入する。そして、その原因を解消するうまい方法をみんなで考えていく。考えた解消策は、おそらく、懸念事項を解消するだけでなく、前向きな利点も生み出している可能性がある。それを次の4つの質問で議論していく。

⓬ CCPMは、研究開発にもさかんに利用されている。数々のノーベル賞を獲得したベル研究所や、先端医療技術開発でも活用されている。実際、筆者がCCPMにはじめて触れたのはそういう研究開発の現場からである。

⓭ある上場企業の経営幹部にうかがった話を引用したい。「プロジェクトマネジメントより重要なものはない。経営そのものだから。たとえば商品開発を早くできたら、高く売れる、シェアが上がる、利益が上がる、株価が上がる。そして、それは企業の財務基盤を強化し、長期的な競争力がさらに高まる。こんなに重要なものはない」

「何か気がかりなことはありませんか？」

「なぜそう思いますか？」

「この原因を解消するうまい方法はありませんか？」

「その解消策をやるメリットはなんですか？」

タネ明かしをすると、この質問にはちゃんとロジックがある。懸念事項を持っているからには、なんらかの**原因**があるに違いない。その原因を明らかにしていく。その原因があるから懸念があるということを認識するなら、解消すべきなのは懸念事項ではなく、その原因のほうである。その原因を解消するなら、懸念もなくなるし、懸念がなくなる解消策なら、別の何かの利点が見つかるかもしれないということである。そういったロジックをこの４つの質問で行なっているということだ。

図にあるように、議論して項目を埋めていく。すべてリストアップしたら、次に解消策を全部読み上げる。そして、次の質問をする。

「これらはやろうと思えばやれますか？」

TOC豆知識

原因

原因と結果を考えることは、ＴＯＣの中でももっとも重要な核心部分である。物事を原因と結果できちんと考える。するとうわべの症状にとらわれず、その原因を考えて解決策を考えることができるようになる。原因と結果を考えることは、ハードサイエンスでは当たり前の姿勢である。それをマネジメントでも活用できるとサイエンスとして示したのが、ゴールドラット博士なのである。

次に、利点にリストアップされた事項をすべて読み上げる。そして次の質問をする。

「これらが全部できるなら、先ほどの解消策をやる価値があると思いますか？」

プロジェクトメンバーから出てきたアイデアであるから、ほとんどの事項がやろうと思えばやれる解消策であることが多い。しかし、それらは、本当にやるのには覚悟が必要なことも少なくない。そこで、それらの解消策を行なったときのメリットを読み上げて、懸念事項を解消するアクションの大切さをメンバーや経営幹部に認識してもらう。必要な場合は、そういうアクションを工程表に入れ込むのもよいし、経営幹部の助けを得るのもよいだろう。

こうして議論していくと、懸念事項がいつのまにか、大きな利点に変わっているのに気づくだろう。つまり、懸念事項というリスクを逆手にとって、メリットに変え

●「気因解利」の懸念解消方法

気がかりなことは原因がある。それを解消すると利点さえ生まれる逆転の発想

気がかり	原因	解消	利点
何か気がかりなことはありませんか？	なぜそう思いますか？	この原因を解消するうまい方法はありませんか？	その解消策をやるメリットはなんですか？ほかに何かメリットはありませんか？

これらはやろうと思えばやれますか？

これらが全部できるなら、先ほどの解消策をやる価値があると思いますか？

てしまい、プロジェクトの成功の確率を高めることができるのだ。気がかりなことには原因がある、それを解消すると利点が生まれるという意味で、「気因解利」の懸念解消方法と名づけた。筆者も数限りなく実践しているが、シンプルでやさしく、とても実践的な方法だ。ぜひ試してもらいたい。

できあがった段取り工程表は会社の財産となる

完成した工程表の意味

完成した工程表の意味をここで考えてみたい。今までの議論を通じて、チームメンバーは、**目標達成のための意思統一**ができ、**必要なタスクだけ**を拾い出し、しかもみんなで議論したので、**タスクに漏れがなく、リスクを前もって予測した**工程表ができあがる。さらに**ODSCで議論した目標に向かってチームワークで活動する**ということをメンバーが確認し合ったことになる。

そして工程表は進化する財産となる

こうしてできた工程表はまさに、会社の財産となる。実はこれが、**組織にすでに存在していた組織の知恵である暗黙知を形式知化した工程表**なのだ。たしかに、最初は工程表の作成には議論に時間がかかる。しかし、作成して気がつくのは、ほとんどの工程表は共通であるということだ。大企業でも基本的に企業に固有の工程表は10個もないということが世界的にも報告されているが、言い換えれば、各企業において固有のビジネスのやり方、成功のパターンがあるということだ。これがプロジェクトを経験するごとに、何度も繰り返され修正されて工程表が常に進化していく。これが**企業経営において常に進化する工程表、つまり、「仕事のやり方」「段取り」として会社の財産となっていく**のだ。

会社の財産はさらに充実する

実際に実践した方々の共通の感想は、「人材が育成されたことが何よりもうれしい」ということだ。会社のもっとも重要な財産といえば「人」であるというのは多くの経営者の方々の率直な本音であろう。企業・組織活動におけるプロジェクトを進めるのは人であるという現実から考えれば、「人」の重要性はますます増しているのはいうまでもない。

たびたび議論してきたように、ＣＣＰＭを実践すると、それと意識していなくても自然に「人」の育成をしていくことになる。組織に広がる信頼関係、コミュニケーションに支えられた組織の経験知の伝授により、プロジェクトを重ねるごとに「人」が育成され、「人」という会社の財産がさらに充実していくことになる。これが何よりものＣＣＰＭの効果であるといえるかもしれない。

人員の配置は「プロジェクト単位」ではない

リソースがプロジェクトに割りつけられている現実

プロジェクトでは多くの場合、作業担当者はタスクに割り当てられているのではなく、プロジェクトごとに割りつけられてマネジメントされている。

プロジェクトAには何人、プロジェクトBには何人といった具合で、プロジェクトの大きさや優先順位でリソースが割りつけられていることが多い。ひどいときにはプロジェクトマネジャーの声の大きさに応じてリソースが割り当てられるということもあるらしい。自分のプロジェクトの重要性を訴えてたくさんの人を確保する。そして、自分のプロジェクトだけは成功させる。一方で、ほかのプロジェクトは遅れてしまってもおかまいなしだ。[14]

[14]「なぜこんなことまで知っているの？」と苦笑しながら、よく質問されるが、ごめんなさい。それは私がやっていたからです。ハードロックのボーカリストとして鍛えぬかれた大声は、ほしいリソースを確保するのに大いに役立ったが、今は反省するワタクシである。

どうしてこういう問題が起こるのであろうか？

プロジェクトに人が割り当てられているとどうなるか

通常、マネジャーが注意を払うのは、プロジェクトの成果物、予算、納期である。

これらを達成する限り、割り当てられたリソースを自由に使うことができる。このやり方は現場に権限委譲され、柔軟性が非常に高く見えるが、実は、大きな問題が潜んでいる。

プロジェクトに人が割り当てられている場合、プロジェクトマネジャーの見積もりがもとになっている場合が多い。

「プロジェクトに人が割り当てられている」といえば聞こえはよいが、実際にはプロジェクト期間中、人はプロジェクトに囲い込まれていることがほとんどだ。できるマネジャーほど人を確保するのが大変うまい。プロジェクトの重要性、窮状を訴え、先手先手でリソースを確保する[15]。経営幹部も彼の要請にこたえることがプロジェクトの目標達成にかかわるので、リソースを融通するのが仕事と考えている。

さてプロジェクト開始だ。正確にタスクの工程表を引いてみる。すると少しだが、人に手隙がある。じゃあ、念のためにこのタスクをやってもらおう。報告書の改善に取り組んでもらおう。などといろいろなタスクが下の図のように、できてくる。これはプロジェクトの効率改善のためには大変効果的なものであろう。

　プロジェクトマネジャーは全員を忙しく働かせたい。担当もやはり一生懸命仕事をしたい。でも残念っ！　そのリソースをちょっとでもほかのプロジェクトに期間限定で割り振っていれば、もっと全社のアウ

⑮タスクのサバよみについては前述したが、納期を守るために、プロジェクトマネジャーのサバよみというものもあるかもしれない。自分の心の中をのぞくと「たしかにある」と答えている自分がいる。

●タスクを明確にしないとどうなるか

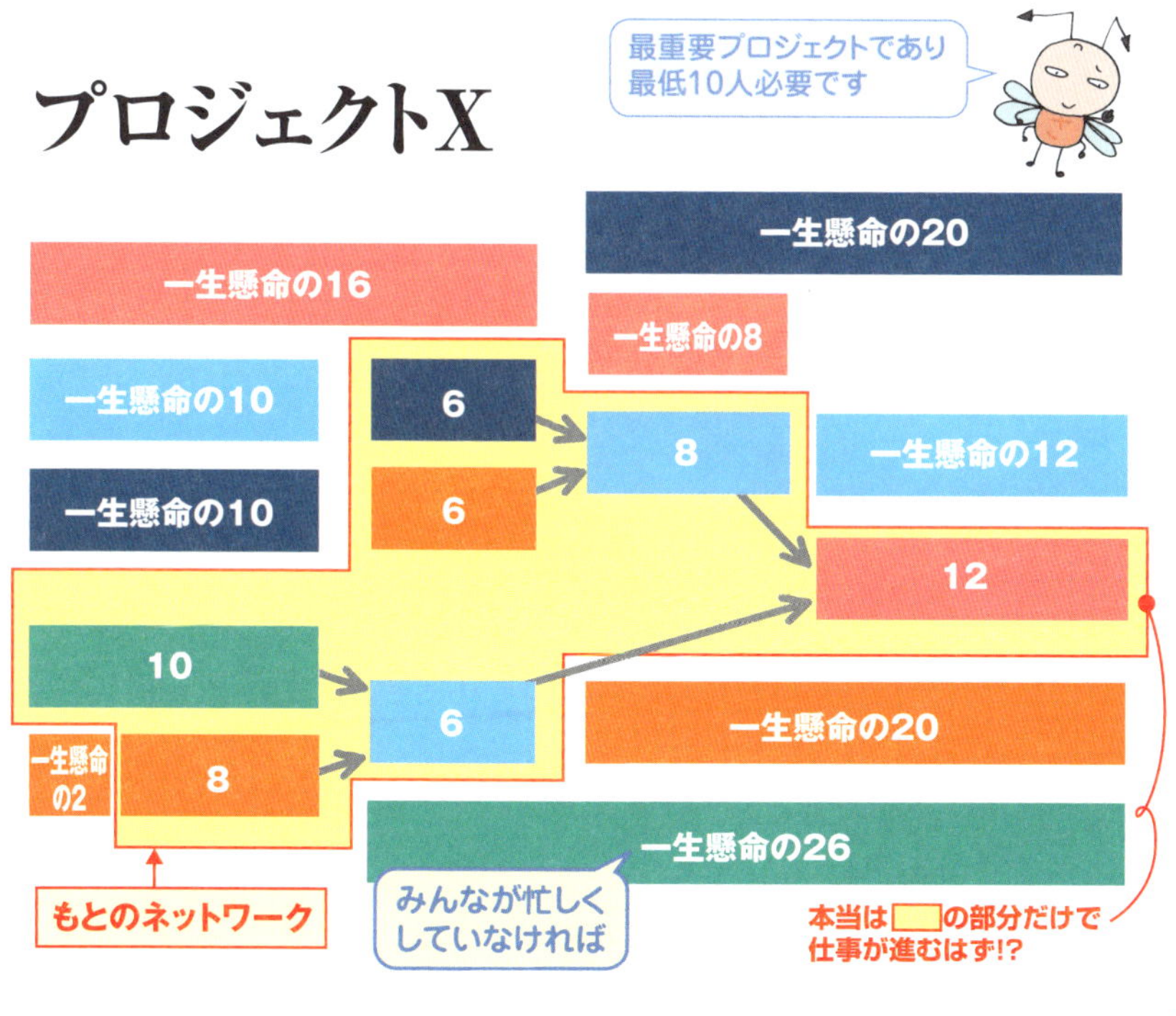
最重要プロジェクトであり
最低10人必要です
プロジェクトX
一生懸命の20
一生懸命の16
一生懸命の8
一生懸命の10
6
8
一生懸命の12
一生懸命の10
6
12
10
6
一生懸命の20
一生懸命の2
8
一生懸命の26
もとのネットワーク
みんなが忙しく
していなければ
本当は□の部分だけで
仕事が進むはず!?

トプットは増すかもしれない。

でも、それを考えるのはプロジェクトマネジャーの仕事ではない。プロジェクトマネジャーの第一使命は、担当するプロジェクトの目標を達成することである。そのためにリスクは最小限にしておきたいのだ。

プロジェクトの人員「再」配置はむずかしい

実際の進捗段階ではさらに困難がつきまとう。ほかのプロジェクトで問題が起こったとしても、リソースを融通するのは現実には大変むずかしいのだ。

経験豊かな経営にかかわる方であれば、一度や二度は経験していると思うが、プロジェクトマネジャーとの人の再配置の交渉ほど大変なものはない。マネジャーは一国一城の主がごとく、現場に対して大きな権限を持っている。プロジェクトに囲い込まれた担当者は割り当てられた作業に一生懸命取り組んでいる。マネジャーは、自分のプロジェクトの重要性や、人のモチベーションの問題などをまくしたて、人を簡単には手放さない。

これは当然のことである。彼はプロジェクトの目標達成に対して重責を負っているのだから、その達成のために、混乱をきたすような外部からの介入を避け、自分のリソースには作業に専念させたいと思うのは当たり前のことだ。

それは、このプロジェクトにとっては最適かもしれないが、会社全体にとって

TOC豆知識

不調和

ゴールドラット博士は、現在の多くの組織の中には、不調和のエンジンが組み込まれていると指摘している。不調和のエンジンとして、博士が指摘しているのは次の5つである。

1. 自分の仕事が、組織全体に貢献しているかわからない、または、自分の仕事が認められていないと思う。
2. 周囲の人たちの仕事が組織全体に貢献しているかわからない、周囲の人たちの仕事が過度に認められている、もしくは十分に認められていないと思う。
3. 会社の目標達成に貢献するのに、どのルールに従ったらよいか、内在する対立関係があるのでわからない。
4. 責任範囲と権限との間に、ギャップがあり、それが未解決のままである。
5. 惰性。本当は今では必要ないけれど、何がしかの理由で、それを継続している。やめるべきとは直感ではわかっているけど、説得できるほどの論

最適であるかは疑問の残るところではある。全体から見れば、自分のプロジェクトさえ成功すればよいという部分最適の行動に見えたとしても不思議ではない。

こうしたことは、組織の中に**不調和**をつくり出すことにもなりかねない。

「タスクを明確化してから配置」が正解

要はリソース配分の順番が違うのである。

①タスクを明確にしてから、
②社内の最適なリソースをタスクの作業内容に応じて割り当てる

という順番こそが正解なのだ。

この場合、明確になったタスクにしかリソースは割り当てられない。今までの大雑把なプロジェクトに何人という考えができなくなる。明確になったタスクにリソースを配置していくと、意外に人が余っていたり、逆にある特定の作業を必要とするタスクに関しては人手不足であることが判明したりする。経営上、この特定の作業のリソースが重要であると考えられる場合、手隙の人に対して、この

拠には乏しい。

ＣＣＰＭでは、こういう状況に対して、マネジメントを全体最適に変革し、一人ひとりが、明確に目標につながった仕事をして、組織全体に貢献している手応えを感じて、周囲の人たちとチームワークで助け合い、目標達成に貢献し、全体最適のシンプルなルールで、現場は自律的に仕事を進め、必要なときはマネジメントの助けが得られて、マルチタスクなく、必要最低限のタスクのみで、目標に向かって集中して仕事ができる状況をつくっていく。

特定の作業をこなせるように教育[16]していくとよいだろう。

タスクを明確化することのもう一つの効用

「段取り八分」の工程表のつくり方でタスクを議論していくとよくわかるが、一同が「普通の言葉」で議論すると、タスクの中身と作業内容が明確になってくる。

さらにこれを複数のプロジェクトで重ねて表示してみると、意外にも同じようなタスクがあることが発見できるだろう。

プロジェクト内でなく、プロジェクトを越えても、「このタスクとこのタスクは同じ人がやったほうがよい。一石二鳥だ」とか、「このタスクは、この人でないとできないわけではなく、ほかのプロジェクトから空きリソースを割り当てられる」とか、「空きリソースがあるのでほかのプロジェクトに割り当てよう」とかが簡単に議論できることになる。

[16] 仕様を検討するエンジニアが足りないのであれば、すぐれたエンジニアが仕様を検討するタスクをやっている期間だけ、若手を一緒につけて、教育をしていくというやり方もある。意図的に、手薄なリソースについて補強するための教育のタスクをつくるという戦略的な考え方だ。

マルチプロジェクトでマルチタスクをなくす

一つのタスクに集中せよ

複数のプロジェクトを実行している場合でも、一つのタスクに集中する原則は同じだ。納期を遅らせ、品質を下げるようなマルチタスクは避けたいもの。では、そのためにどうやってマルチタスクが起こらないように会社全体の複数のプロジェクトの計画をしたらよいのだろうか。プロジェクトの全部のリソースを考慮して、それぞれのリソースの供給量に合わせて調整して、ずらす方法もあるが、それはとても煩雑な作業となる。ソフトを使って、自動で調整する方法もあるが、これをするとそれぞれのプロジェクトの納期が大幅に遅れかねない。

プロジェクトには不確実性がつきもの。タスクの日程は、前倒しになったり、遅れたりするのは日常茶飯事だ。だからせっかく細かく前もって調整しても、実際の予定通りに始まるとは限らず、仕事が重複してその調整はムダとなることも少なくないと思われる。そもそも、各プロジェクトにはすでにバッファがついて、日程の前後については柔軟性が持たされているし、そのうえでわざわざ細かい調

整が必要なのかは疑問が残る。

さらに、そういう戦略的な判断をソフトウェアのアルゴリズムに任せてしまい、本当に人が関与しなくってよいのかという議論も出てくる。ずらして調整するということは、それぞれのプロジェクトの納期がずれて遅れるということ。多くの場合、プロジェクトは完了とともに支払いが行なわれることになり、投資が回収される。納期がずれて遅れるということは、投資回収が遅れるということ。これは経営にとって重大な問題だ。どう調整をしてずらすかは、人が関与するどころか、経営幹部が関与すべき大きな課題であるといえる。

マルチプロジェクトのボトルネックを見極めよ

ところで、会社の中のそれぞれのリソースの能力は同じだろうか？　バラついていないだろうか？　もしも、バラツキがあるなら、どこかにボトルネックがあるはずである。そして、それ以外はボトルネックではない。非ボトルネックは、ボトルネックよりもリソースの柔軟性は高い。こう考えると、ボトルネックを中心にして、全体のスケジュールを調整してずらすことがよいということになる。

複数のプロジェクトが流れている組織のボトルネックはどんなところだろうか？　これは、道路にたとえてみるとわかりやすい。道路で渋滞が起きやすいのは、一般に、複数の道路が合流するポイントである。同じように、複数のプロジ

TOC豆知識

合流ポイント

合流ポイントが制約となるということは、プロジェクトに限らず、ものづくりの生産現場でも同じである。この制約を通るペースを考えて、投入のタイミングを決めていく。この投入のタイミングのことを「ドラム」という。これは、ゴールドラット博士がTOCを発表した著作『ザ・ゴール』の中で、ドラムをたたいてペースを決めるエピソードから来ている。生産現場では、実際にドラムが物理的に存在するが、プロジェクトではドラムが物理的に存在しないことも多く、プロジェクトでは、「仮想ドラム」と呼んでいる。

エクトが合流するポイント[17]が、ボトルネックと考えてよいのではないだろうか。

この合流するポイントのリソースにマルチタスクが起きないように、合流ポイントのリソースの供給量に合わせて、プロジェクトをずらしていく。ずらしたスケジュールをベースに、再度、プロジェクトのキーのリソースのピークの負荷について見ていく。もしも、ここでキーリソースに負荷が集中し、バッファでも吸収できない場合は、それも配慮して調整していく[18]。

合流ポイントのリソースやキーのリソースを中心に複数のプロジェクトがずらされるに従い、プロジェクト全体のリソースも同時におおよそならされていく。先ほど述べたように、各プロジェクトにはすでにバッファがついている。日程の前後についてはバッファで対応できるので、現実的で、柔軟なスケジュールができあがる。

[17] 複数のプロジェクトが通る統合ポイントを探してほしい。たとえば、ソフトウェアのマルチプロジェクト環境では、テストがこれにあたることが多い。

[18] 調整してもどうしても間に合わない場合は、経営幹部と相談して納期変更も必要なのはいうまでもない。

●複数の道路が合流するところで、渋滞は起きやすい

会社全体の優先順位

この合流ポイントを通る期間とペースが会社全体のプロジェクトの完了ペースを決めていくことになる。会社の事業実績を決める大切な判断となる。だから、この合流ポイントを通る順番は、全体の優先順位を考えて検討していくことになる。

プロジェクトスタートのペースを決める

合流ポイントには、もう一つ重要な使い道がある。それは、プロジェクトの投入のタイミングを決めるということだ。合流ポイントの負荷と完了ペースをモニターすることは、新しいプロジェクトをいつスタートするかというペースを決められることになるのだ。今はやらないと凍結したプロジェクトを再スタートするタイミングを教えてくれるのである。新しいプロジェクトの合流ポイントに到達するまでの期間を配慮して、プロジェクトのスタートを決める。今はやらないと凍結したプロジェクトも、パート2で議論したように万全な準備が行なわれているはず。一度スタートしたら、渋滞なしにまっしぐらにプロジェクトが進むはずだ。

道草コラム

「やる気は生もの」――問題は「腐食性」

自分の若いころからの経験だと思うが、つくづく「やる気は生もの」だなと思うことが多い。というのは、常にフレッシュにしておかないと保つのはかなりむずかしいからである。しかし、何より問題なのが「腐食性」だ。放っておくと、腐ってしまい、悪臭を放ち、周囲をも腐らせる。これは実につらい。

これらの腐った肉、いや問題をよく見てみると、虫（バグ）がいることが多い。

たとえば「くれない虫」だ。「やってくれない」「決めてくれない」など「クレナイ、クレナイ、クレナイ」と甘えたような鳴き声を繰り返す。

私はさらに「べき虫」というのも発見した。この虫は豊富な知識を身につけて、「ベキ、ベキ、ベキ」と学術的な口調の鳴き声を繰り返す。見た目には、ベキ虫のほうが若干ではあるが頭でっかちであるのが見分けるポイントだ。

●やる気は生もの

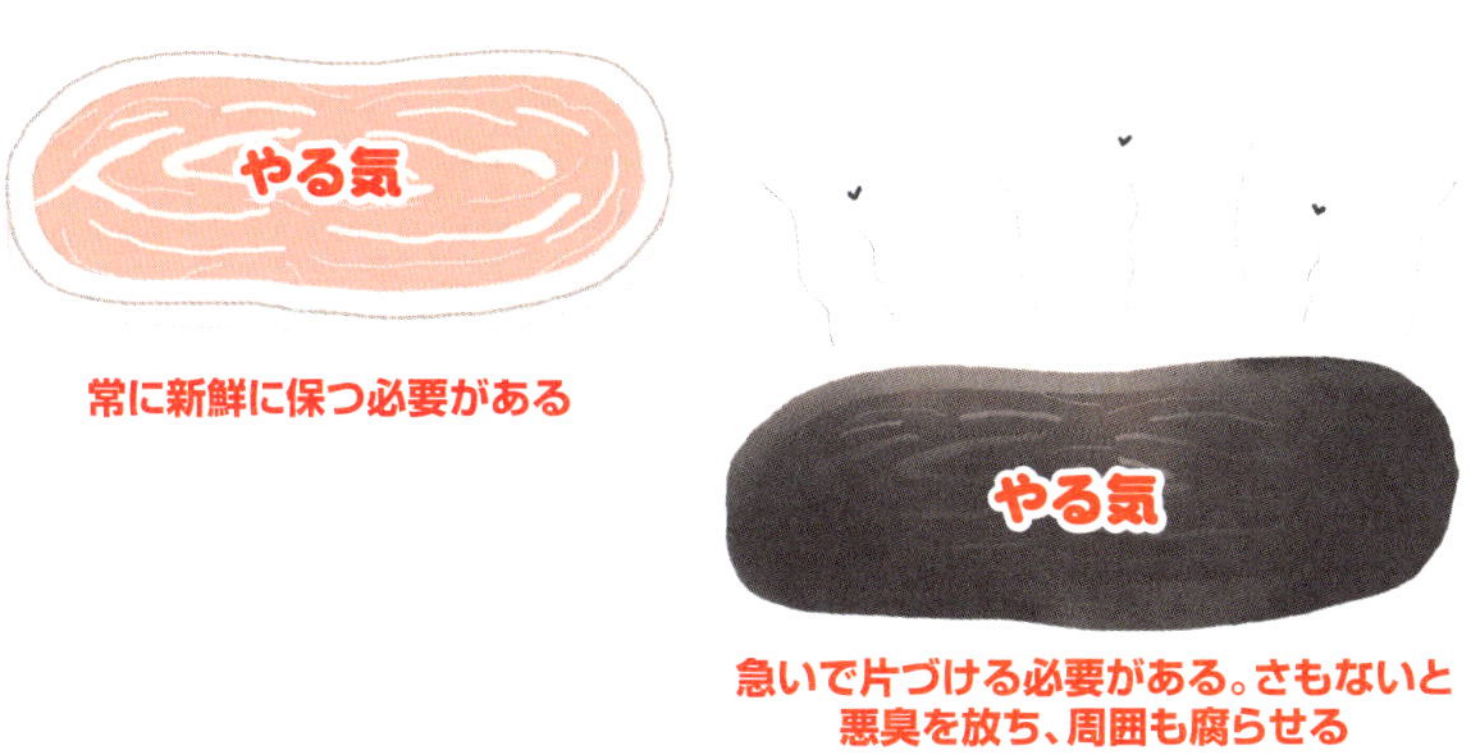
やる気
常に新鮮に保つ必要がある
やる気
急いで片づける必要がある。さもないと
悪臭を放ち、周囲も腐らせる

昆虫採集が趣味の友人と現在生態について調査中だが、これら2種類の虫はもともと同種なのではないかということが議論の焦点になっている。最近の研究成果の結果、次の共通の特徴を持つことが判明している。

・陰でコソコソ動く
・じめじめした場所（話）を好む
・常に安全圏にいて、自分からは決して動かない
・常に自分以外の問題を探す
・強い伝染力を持つ

最後の特徴には特に気をつけてもらいたい。

これらの虫は強い伝染力を持つので、周囲にすぐに蔓延[19]する。そのため、早期発見と退治が不可欠である。

[19] そこで今回掲載したのが、プロジェクトの害虫図鑑（90ページ）だ。もしも発見したらご一報を！

●くれない虫、べき虫の共通の特徴

▶**陰でコソコソ動く**
▶**じめじめした場所（話）を好む**
▶**常に安全圏にいて、自分からは決して動かない**
▶**常に自分以外の問題を探す**
▶**強い伝染力を持つ**

できない虫　３兄弟の物語

この物語の出演虫

トクベツできない虫

フクザツできない虫

フカクジツできない虫

むかしむかしあるところにリロン村という村がありました。
この村では理論がとっても大事で、みんな常に新しい理論を熱心に勉強しています。

ある日、「あんしん虫」が最近評判の理論ＣＣＰＭについて講演に来てくれました。

すると、リロン村の中でも一番理論好きで有名な「できない虫３兄弟」が言いました。
「僕たちはすでにＣＣＰＭについていろいろ研究してそのよさは知っているけど、うちの村ではできないね！」

4

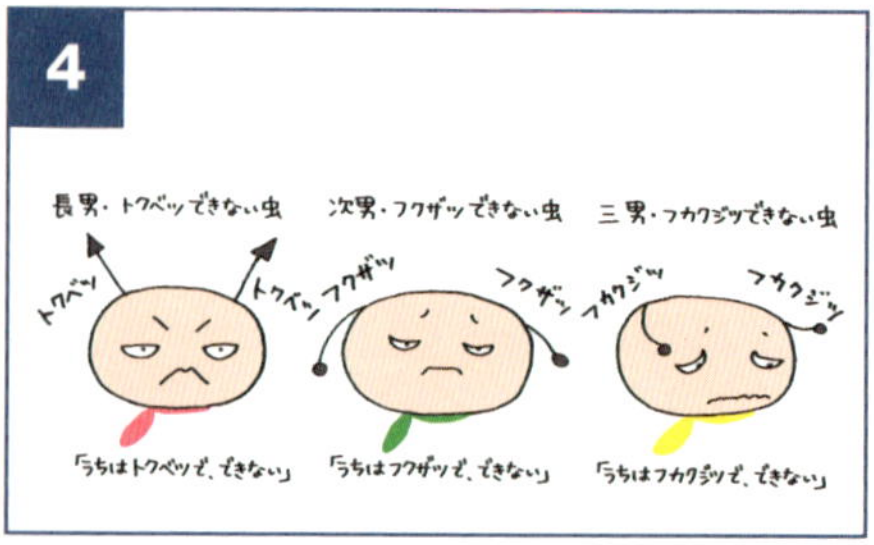

ここで、「できない虫３兄弟」を紹介しておこう！

5

「あんしん虫」が長男「トクベツできない虫」に質問します。

あんしん虫「どうしてできないの？」
トクベツできない虫「うちはトクベツで」
あんしん虫「なにがトクベツなの？」
トクベツできない虫「とくかくトクベツで」
あんしん虫「他の村でもうちだけはトクベツって言ってたよ」
トクベツできない虫「じゃあ他の村と同じようにうちだけはトクベツで」
あんしん虫「？？？」

6

「あんしん虫」が次男「フクザツできない虫」に質問します。

あんしん虫「どうしてできないの？」
フクザツできない虫「うちはフクザツで」
あんしん虫「なにがフクザツなの？」
フクザツできない虫「とくかくフクザツで」
あんしん虫「他の村でもうちだけはフクザツって言ってたよ」
フクザツできない虫「じゃあ他の村と同じようにうちだけはフクザツで」
あんしん虫「？？？」

7

「あんしん虫」が三男「フカクジツできない虫」に質問します。

あんしん虫「どうしてできないの？」
フカクジツできない虫「うちはフカクジツで」
あんしん虫「なにがフカクジツなの？」
フカクジツできない虫「とくかくフカクジツで」
あんしん虫「他の村でもうちだけはフカクジツって言ってたよ」
フカクジツできない虫「じゃあ他の村と同じようにうちだけはフカクジツで」
あんしん虫「？？？」

8

「ほかと同じように自分だけはトクベツ、フクザツ、フカクジツって何か変だよね??? そうだ、こんなときこそ!!!」

「あんしん虫」はＣＣＰＭガスを取り出し、呪文を唱えながら「できない虫３兄弟」に向けて吹きつけました。
「ケイケンニ　マサル　ガクシュウ　ナーシ！」

すると、どうでしょう!!!
３兄弟とも「チョーやる虫」に変異しました!!!
普通はＣＣＰＭガスがかかると「やる虫」に変わるものですが、３兄弟はもともとＣＣＰＭについてよく勉強して、理論は理解していたので「チョーやる虫」に変わったのです！

ＣＣＰＭはやってみると実に簡単かつすごい効果です。
やればやるほど論理的で深く理論が広がり、３兄弟は楽しくて仕方ありません。
村中の困ったところにかけつけ、ＣＣＰＭガスをしっかり吹きつけます。
もちろん、呪文を唱えながら!!!

今では「チョーやる虫３兄弟」と呼ばれ人気者です。
３兄弟の働きで、村は末永く栄えたということです。
めでたしめでたし。

◎期間短縮を目指す「サバ取り段取り」の4ステップ

❶リソースの重複をなくし、マルチタスクをなくす

❷「チャレンジ」と「サバ」にタスクの期間を分ける

❸各タスクから出てきた「サバ」をまとめる

❹納期を決める

◎「ゆとり」はみんなでつくる

◎気がかりなことの原因を解消し、利点に変える（気因解利）

◎暗黙知を形式知化した工程表は会社の財産となる

◎合流ポイントをモニターしてプロジェクトのスタートのペースを決める

Part 6

全体最適の先手管理!

Buffer Management

ゆとりのマネジメント

- 「進捗率」の定義は人それぞれ
- 「あと何日」で管理する
- ゆとりのマネジメントを実現するバッファマネジメント
- リスクつぶしのための「未来予知訓練」

  極意其の九：「あと何日」はプロジェクトマネジャーが聞きに行く

  極意其の十：バッファを見せるべし
- 継続的改善
- ゆとりのマルチプロジェクトマネジメント

  極意其の十一：愚直に、愚直に、さらに、愚直に！

「進捗率」の定義は人それぞれ

進捗率報告のウソ

世の中のプロジェクトマネジャーは、「進捗率90％」という言葉に何度泣かされてきたことだろう。

タスク作業担当者からの「要求仕様の90％まで完成しました」という報告の意味は、「もう九分通り終わりました」、つまり「ほぼ完成」であるという意味と考えることが一般的には多い。しかし経験豊かなプロジェクトマネジャーであれば、この報告の中には、「なんとか90％までいきましたが、これからが本当の山場です」という意味が含まれていることが多いのに気づく。

プロジェクトの完成が近づけば近づくほど、たいていの場合、完成イメージがどんどん明

●進捗率管理のむずかしさ

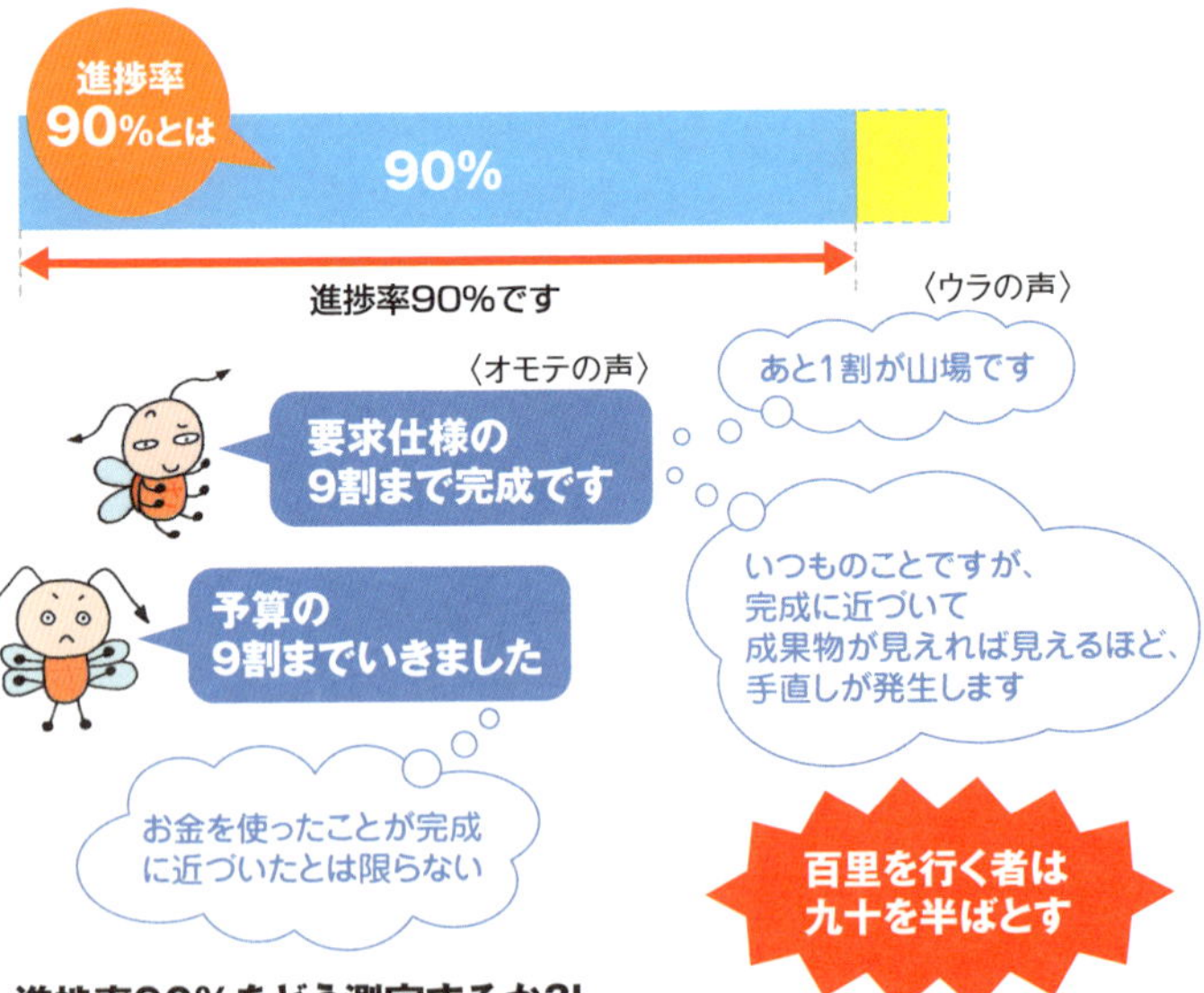

進捗率
90％とは
90％
進捗率90％です
〈ウラの声〉
あと1割が山場です
〈オモテの声〉
要求仕様の
9割まで完成です
いつものことですが、
完成に近づいて
成果物が見えれば見えるほど、
手直しが発生します
予算の
9割までいきました
お金を使ったことが完成
に近づいたとは限らない
百里を行く者は
九十を半ばとす

進捗率90％をどう測定するか?!
進捗9割から工期が倍になることはザラ

確になってくる。完成イメージが明確になればなるほど、思ったのと違うというクレームも出てきやすくなる。このために予期せぬいろいろな追加要求[1]が出てくるものだ。「完成が近づくほど手直しが発生する」、これもプロジェクトの偽らざる現実の側面の一つなのである。

また、成果物が明確な構造物などの場合、予算の出来高で進捗を管理している場合も多い。この場合は数字で管理しているので、90%の精度はもっと正確なはずだ。だが実態はどうだろう。90%お金を使ったことが本当に残りあと10%の納期であることを意味するかといえば、そうともいえないと思える。

「プロジェクト」は人が行なう、不確実なもの

再度思い出してもらいたい。「プロジェクトにおいてそのタスクを行なうのは人間である」という現実を。タスク進捗率の定義は、人それぞれで異なるのが実態だ。使ったお金で報告する人もいれば、成果物に対してどのくらい近づいたか

[1]ひどいときには最初からやり直しを迫られるような根本的な課題も出てくる。この場面でのプロジェクト関係者の落胆した顔を何度見てきたことか。そんな経験を踏まえてつくったのが冒頭の「ソフトウェアすごろく」である。笑うに笑えない内容だが、セミナーでこれを説明するとなぜか爆笑を誘ってしまう。とても不思議だ。

で報告する人②、予定の日数の消化率で報告する人、完成までに必ず問題が起こるので、進捗率に常にサバをよむ人などバラバラだ。要するに、**人は「進捗状況」というものに対して、かなりバラバラの概念と基準を持っている**のである。

プロジェクトは進捗率では計れない

進捗率で管理される限り、人は「進捗率を稼ぐためにどうすればよいか」という基準で行動する。「予算の進捗であれば、それをいかに進めるか？」という行動を人はとるようになる。最後に手直しが予想されていたとしても、予算を90％消化すれば③、進捗率は90％だ。しかし、それは最後になって手直しの時間が発生し、それがもとで遅れを生むかもしれない。そしてコストが発生し、儲けが減る。ひどいときは、納期遅れ、予算超過、仕様カットということになる。

「百里を行く者は九十を半ばとす」④ということわざがあるが、そこには長年の経験に支えられたすばらしい現場の知恵がある。岩波ことわざ辞典によると「物事を完遂するには最後が肝心なので、気を緩めずに励めということ」と書かれているが、要するに進捗率90％はイコール50％だと考え、これからが本番だと思って覚悟せよということなのかもしれない。これは経験的にプロジェクトの現場で語られている言葉、「プロジェクトの90％が完了しても、それから期間が倍になることはザラ」ということと一致している。

TOC豆知識

進捗率で管理される限り、人は「進捗率を稼ぐためにどうすればよいか」という基準で行動する

「どのような尺度で私を評価するのかを教えてくれれば、どのように私が行動するか教えてあげましょう。もし不合理な尺度で私を評価するなら、私が不合理な行動をとったとしても、文句を言わないでください」これはゴールドラット博士の『コストに縛られるな！』（ダイヤモンド社）に書かれている有名なセリフ。

人の不合理な行動は、不合理な尺度で評価されていることによって引き起こされたモノであることが多いのが実態だ。

全体最適の活動と部分最適の活動。どちらが成果が出るだろうか？　全体最適のほうがよい成果が出るに決まっていると考えるのが普通だろう。ところで、あなたの周りの評価指標は全体最適の行動を加速するだろうか、それとも部分最適の行動を加速するだろうか？　もしも、部分最適の行動を加速すると感じられているなら、その評価指標の進捗率をどう管理するかという議論は後を絶たない。さまざまな産業界、多くの現場で進捗率をどう管理するかが議論されているのを私は見てきた。経理や経営幹部はコストやＥＶＭ❺で管理したいというし、現場のマネジャーは進捗をきちんと測定して管理したいという。作業担当者は日報で管理するのが一番よいと主張するのだ。だが、どれも進捗把握のために多くの労力が割かれるだけでなく、それを把握するために膨大なコストをかけてしまったり、ひどいときは進捗管理の複雑な書類作成のために、肝心の現場のマネジメントがおろそかになったりすることさえある。

せいで、本当は全体最適の活動のほうがよいとわかっていても、不合理な部分最適の行動をとっている可能性が高いということになる。部分最適の行動をとっている人を責めるのではなく、その行動を引き起こす誤った思い込みに焦点をあてて、問題を解決していく。

「人はもともと善良である」「物事はそもそもシンプルである」

この二つはＴＯＣの重要な信念である。「人はもともと善良である」と考えるから、人を責めるのではなく、その原因となる思い込みを見つけるように考えるようになる。「物事はそもそもシンプルである」と考えるから、原因と結果の因果関係から考えて、原因を解決していくことになる。ＴＯＣは科学であるというのが博士の姿勢であるが、それとともに、人生哲学（Philosophy Of Life）でもあるというのが、彼の最近の主張である。

❷建設業などは目標構造物が明確であり、進捗管理は簡単だと思っていたが、実態はそうではない。極めて大規模な現場では、単純に工事の進捗を物理的に測定するのが困難な現場も多く、それに工事の出来栄えという主観的なものを入れるとさらに進捗の定義があいまいになってくると聞く。さらに、発注者に対して、膨大な量の書類提出が迫られる中、工程表はいつのまにか提出書類という形だけのものになり、本当の工程表はプロジェクトマネジャーの頭の中だけにあるという実態も少なくないと聞く。それでも、なんとかしてしまうのが、すごいところだ。やはり人間の頭脳はすばらしい。問題は、そういうプロジェクトマネジャーは一朝一夕にできるものではないということだ。その課題に真正面から取り組んだのが CCPM なのだ。

❸プロジェクトの落とし穴の多くは、予算というお金に絡まないタスクであることが多い。たとえば、建設業なら、消防や警察のチェックなど、予算は発生しないが、相手のスケジュールが確定できないもので、納期が遅れてしまうことも多い。これ以外にも、小さな予算のタスクだからといって侮れないタスクはたくさんある。予算を管理することが悪いといっているのではないが、予算だけで管理することのリスクは極めて大きいのが現実ということだ。

❹一方で、「終わりよければすべてよし」としてしまう私が現実にいる。どうも反省というものがない。これがプロジェクトの根本的な問題なのかもしれない。

❺ EVM とは Earned Value Management の略。文字通り「稼いだ価値でマネジメントすること」だが、どうも私にはピンとこない。プロジェクトにおいて、途中の仕掛かりのものは、逆にリスクのように経営者としての私は感じてしまう。たとえば建設途中の建物が自然災害にあったら、今までの仕事は台無しである。ソフトウェアだってそうだ。工程中に取引先が倒産することだってあり得る。せっかく今までの投資が水の泡だ。プロジェクトは不確実性があるからプロジェクトだ。これを前提に考えると、稼いだ価値でマネジメントすることのむずかしさが実感できる。

「あと何日」で管理する

残りの日数で数え、率で判断しない

今までの問題を解決するのに簡単な方法がある。**作業担当者に「あと何日?」と質問する**のだ。一見単純で簡単にできる解決策だが効果は絶大だ。

プロジェクトは不確実性が高いのはいうまでもないこと。ところで、プロジェクトの着手前と後ではどちらが見積もりは正確だろうか? 2日目と3日目ではどうだろうか?

どんな作業でも着手前と後では、完了までの見通しは、作業に着手した後のほうがずっと正確になる。それも、日程がたつに従い、作業の習熟度も上がってくるので、作業完了まで「あと何日」の見通しは正確さを増してくる。予定10日のタスクにおいて9日目の時点で担当者が進捗率90%と回答したとする。それに対して「あと何日」と質問して、「あと1日」と回答がくれば、間違いなくこれは進捗率90%の意味となる。

大切なのは納期を守ること

一般にプロジェクトの進捗管理には進捗率、つまり進捗率何パーセントで管理

することが多いが、これには問題がある。たとえば、10日のタスクに対して5日目に問題が発生し、あと7日かかってしまう状態となったとする。すると、あなたは進捗率をどう報告するだろうか？　50％？　それとも30％？　それとも12÷5？　どれも正しい気がする。あなたが業者の立場なら50％と答えてしまうかもしれない。なぜなら、相手に心配かけたくないし、50％分のお金を支払ってもらいたいから。もしあなたがマネジャーなら30％と報告してほしいかもしれない。なぜなら、状況を厳しめに報告してもらい、早く対策を打ちたいから。もしも、数学が得意なら、12÷5だろう。なぜなら数学的にもっともな計算だから。

でも残念！　どれも実際には役に立たないのだ。

もう一度もとに戻ろう。10日のタスクに

●「あと何日」の効用

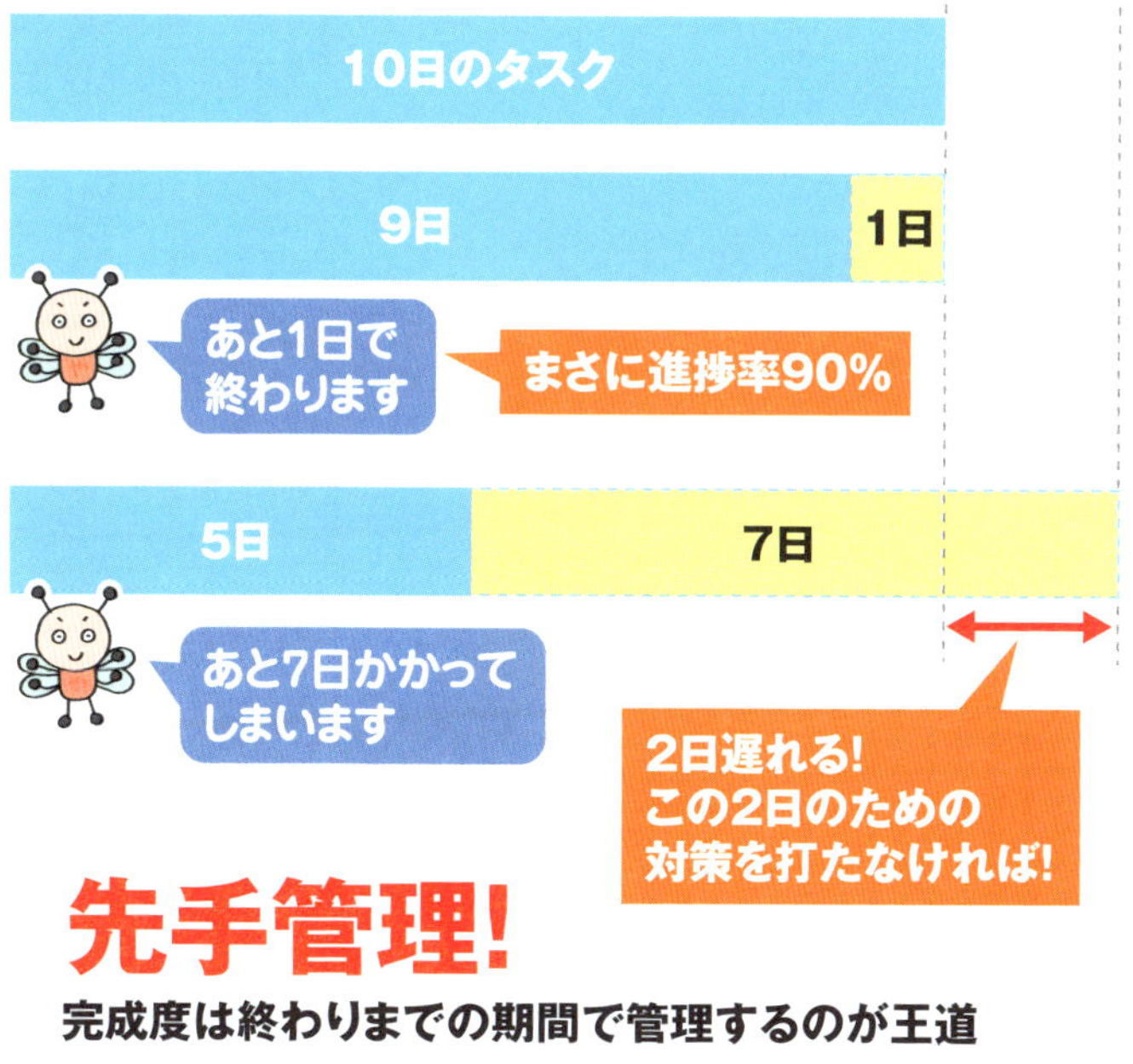

10日のタスク
9日
1日
あと1日で終わります
まさに進捗率90%
5日
7日
あと7日かかってしまいます
2日遅れる!
この2日のための
対策を打たなければ!
先手管理!
完成度は終わりまでの期間で管理するのが王道

対して5日目なのにまだ7日かかるということは、納期が2日間に遅れるということが今からわかったということである。まだ納期遅れが確定したわけではない。直感的に「2日遅れる！　遅れないようになんとか手を打たなければ！」とあなたは思うはずだ。今から対処すれば、納期を間に合わせることは可能なのだ。

進捗管理は、数字を報告させることではなく、問題を手遅れになる前に発見し、先手を打って、納期を守るためのものである。それを自然にしようと思ったら「あと何日」は極めてパワフルな納期管理の手段なのだ。

先手管理の手段としての「あと何日」

「あと何日」と報告してもらうことには大きな意味がある。作業が始まって初日から完了まで、作業担当者は「あと何日」と毎日報告する。初期の段階から、完了までの納期を気にしながら作業が進む。一日進んだとしても、一日進捗したと報告はできない。

もしも初日に、あと9日ではできないと作業担当者が判断すれば、その時点で作業担当者が考えた作業完了まで「あと何日」という報告が上がってくる。その報告にしたがいマネジャーは手を打てばよい。

本来はもっと後に発覚しかねない作業の遅れや課題が、日々の進捗管理の過程で先手先手で報告が上がり、プロジェクトマネジャーは先手管理ができるように

なるのである。しかも「あと何日」の報告は簡単でわかりやすい。実のところ、「あと何日」は新しいことではない。むしろ、日常では、普通にみなさんやっていることである。プロジェクトの最終局面、納期予定日の前日の修羅場で、みんなが日常意識するのは、98%とか99%の進捗率の話ではなく、「あと一日しかない！」である。普通のことを普通にしましょうということなのだ。

「あと何日」は人を育てる

作業担当者は、次のような質問を毎日受けることになる。

「あと何日ですか？」

この質問をすることは、人を育てることにもつながる。

毎日、タスク完了まで「あと何日」と考えることは、すなわち、タスク完了までの見積もりを毎日訓練するということである。また、「あと何日」という質問は、完了までの日数を毎日意識させることになる。すると、「あと何日」で完了するための段取りを考える訓練にもなる。さらに作業の質も日々改善されていく。「あと何日」というシンプルな質問だが、プロジェクトの実行中にも人を育てることにつながる極めてパワフルな方法だ。ぜひ試していただきたい。

ゆとりのマネジメントを実現する バッファマネジメント

バッファマネジメント

タスクの進捗管理を「あと何日」で行なうと、プロジェクトの進捗管理もシンプルにできることになる。それが、バッファマネジメントだ。

パート5で、それぞれのタスクから抽出して、共有したプロジェクトバッファ。五分五分で目標設定した納期だから、何か問題があれば、必ずタスクの進捗は遅れという形で「見える化」する。それをプロジェクトの進捗管理に活用するのだ。

次ページの事例は6日と4日の五分五分の納期に対して、5日のバッファがついている工程表だ。たとえば2日目の時点で、「あと何日ですか？」と6日の作業の担当者に質問する。もしも、あと4日で終わる予定に対して、遅れ気味で6日かかるということであれば、2段目に後続の4日のタスクの着手が遅れるので、バッファ5日のうち2日が消費される。これは黄色信号だ。さらに、あと8日かかってしまうことが判明したとすると、後続のタスクも着手が遅れ、バッファが4日も消費され、赤信号[6]となる。

❻黄色の時点で対策立案し、赤になったら対策を実行すれば、手遅れになる前に対策を立案することもできる。どこで黄色に、どこで赤に色を変えるようにするかは、経営の意思決定になる。それによって、どのタイミングでマネジメントが介入するかが決まる。言い換えれば、バッファさえ見ていれば、マネジメントは何をすればよいかがわかるようになるのだ。

しかしよく考えてみてほしい。プロジェクトはスタートしてまだ2日しかたっていない。この赤バッファは将来起こりうる未来の選択肢の内の一つにすぎない。今から手を打つことも可能だ。ベテランや経営幹部と相談し、なんらかの手を打って、あと5日で終わる手が打てたとすると、バッファは1日消費されただけで緑バッファに戻る。バッファの遅れを察知するための手段として用いるだけでなく、手遅れになる前に早め早めの先手管理を行なうために活用するのだ。これをバッファマネジメントという。

赤バッファは納期遅れではない。図の赤バッ

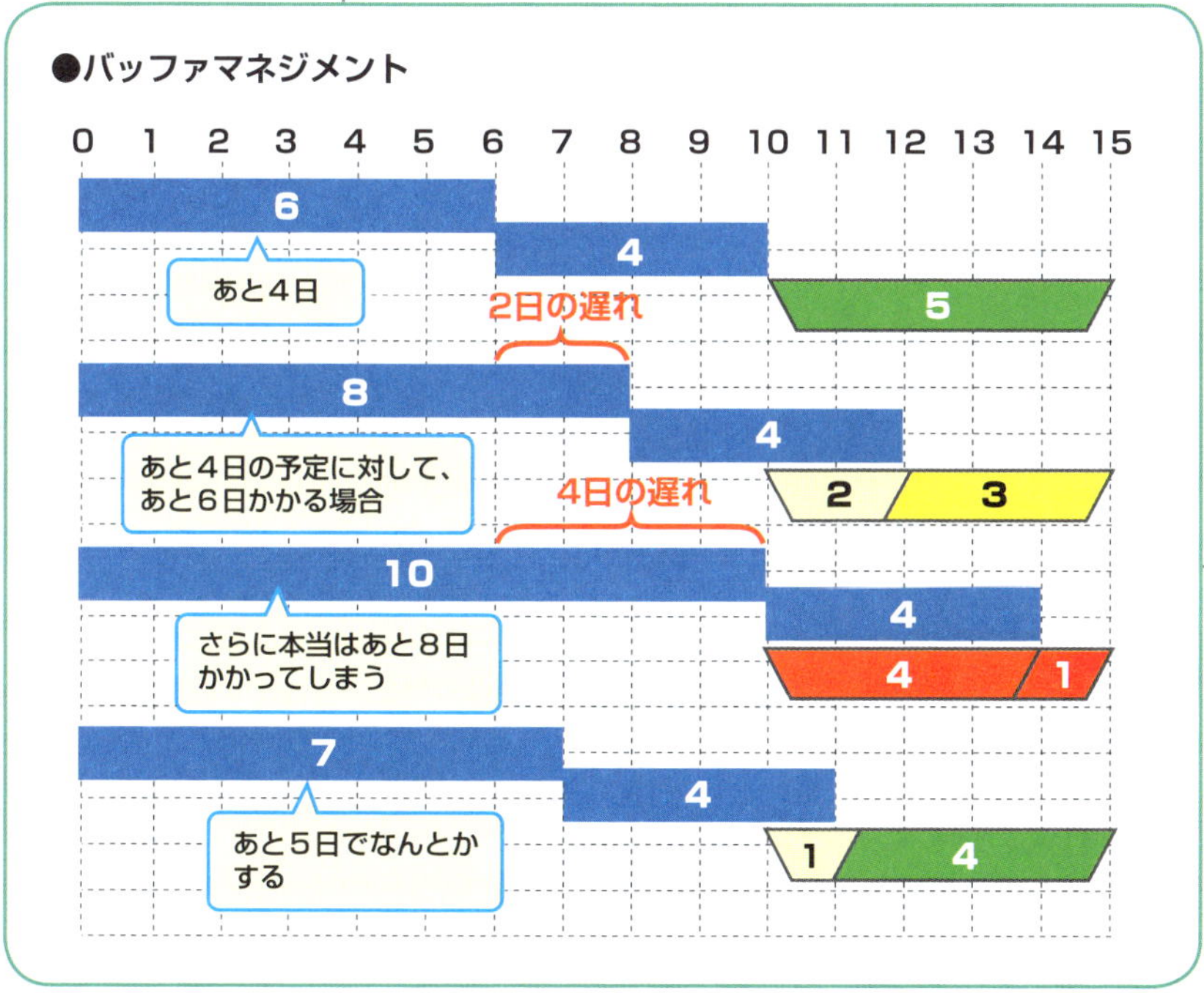

ファの部分をよく見てほしい。赤バッファといっても、納期よりも一日早く終わる予定なのだ。この状況で、もしも「納期よりも一日早く終わります」（これも本当の話である）と報告を受けたら、油断してしまって、適切な先手管理はできないであろう。ＣＣＰＭのバッファマネジメントは、全体のバッファという「ゆとり」に対して、今の時点でどのくらいゆとりを消費してしまったかということを「見える化」[7]することによって、自然に先手管理を促すようになっている。バッファを全部消費してしまったら、赤バッファを黒にする。これではじめて納期遅れをする可能性が出てきたことになる。それでもまだ納期は遅れたわけではない。黒バッファは最優先。経営幹部も含めてみんなで知恵をひねって対策を考えれば、バッファは取り戻すことができるのだ。

未来は変えられる

バッファマネジメントを行なっていると不思議な変化に気がつく。全員が未来形で議論するようになることだ。**納期を守るためにこれから何をすべきか未来形でみんなが議論するようになる**のである。

通常の進捗率管理は、進捗がどのくらい進んだかを聞いている。つまり、これは過去を聞いている。過去は変えられるだろうか？　変えられないはずだ。それに対して、「あと何日」は未来を聞いている。納期を守るために必要な情報は、

突き詰めて考えると完了までに「あと何日」かかるかという未来の情報だけだ⑧。そして、未来は変えられるのだ。

バッファが赤になっても、心配はない。まだプロジェクトが遅れたわけではないのだ。つまり、プロジェクトが実際に遅れる前に、その可能性が明確に見えているのだ。これからから何をすれば納期が守れるかを議論して、今から手を打って未来を変えればよいのだ。

⑦「見える化」にはソフトウェアが役に立つ。CCPM 対応のソフトウェアは、数々、世の中には出ているので使ってみるのもよいだろう。ゴールドラット博士の意向もあり、彼の開発した TOC の知識体系はパブリックドメインとなっている。その目覚ましい成果から、「なぜこの手法が主流にならないのか不思議」と言われることも多く、すべてのプロジェクトマネジメントのソフトウェアに標準に搭載されるように、将来はなるのではないかと思っている。

⑧未来のことに集中して議論することは、前向きな議論である。逆に、変えられない過去のことばかり議論するのは、後ろ向きの議論となる。CCPM を実践していると自然に、みんなが明るく前向きになるとよく感想をいただくが、考えて見れば当たり前のことかもしれない。

リスクつぶしのための「未来予知訓練」

よくある進捗報告会の風景

プロジェクトが進捗していくにつれて、さまざまな問題や障害、課題が出てくる。これはプロジェクトの性質上、仕方がないことである。そこで、これらのリスクを最小限にするために、通常は、進捗報告会などを行なっている。

進捗報告会では、週や月に一回、マネジャーは現場からの報告を聞いて「問題ないか?」と確認する。現場も「問題ありません」と回答する。マネジャーは、「よし、じゃあ問題があれば報告しろよ」と言う。こういう光景が多く見られる。

しかし、多くの場合、問題が起きてから報告があることもしばしばだ。そして、「『問題があったら報告しろ』と指示していたのに、なぜ報告が遅れたんだ」となる。進捗報告会でのこういった議論はほとんど意味をなさないことが多い。これはなぜかというと、「問題ないか?」と聞くと、答えるほうは「問題ありません」とつい答えたくなるし、質問するほうも問題ないことを期待しているからである。これでは、未然にリスクを予見して対処することは非常にむずかしい。

よく考えてみてほしい。「問題ないか?」という質問に、「本当に問題が起こりそうだったら早めに報告してほしい」というメッセージが込められているだろうか? 入っているとしてもそれは大変わかりにくく、現場では理解されていないことがしばしばなのが事実である。

「問題があるとしたらなんですか?」と質問する

プロジェクトにおいて、予想できない変動があるのは当然である。しかしリスクは最小限にしたい。これには簡単な解決策がある。次のように質問するだけだ。

「問題があるとしたらなんですか?」

この質問はリスクを前もって予測して報告してもらうための、非常によい手である。多くの現場でこれを実践しているが、こういう質問をすると現場の作業担当者は、みなそれなりにいろいろなリスクを未然に予知していることに気づかされることが多い。

「あと何日」に加えて、「問題があるとしたらなんですか?」はシンプルであるが、効果はバツグンである。

ある現場に行ったところ、「問題ありませんか?」という質問をしたら、「問題ありません」と回答がきた。そのすぐ後に、「問題があるとしたら何がありますか?」と聞いたところ、10件以上の問題が出てきて、その現場のマネジャーも思わず苦笑してしまった経験がある。

　これらの未来に起こりうる問題点は、事前にリスクがわかっていればそれぞれに解決策を考えることができ、ちょっとした確認や対処の手間をかけるだけですべて未然に防げることが多い。しかし、これらの問題がいったん発生してしまったら、対処に大変な時間と手間がかかり、まさに「火消しのマネジメント」を強いられることもある。

　私は、この簡単かつ有効な手法を、「未来予知訓練」[9]と名づけた。「問題があるとしたらなんですか?」という質問だけで「未来」に起こりうる問題を予測し、手を打つという手段だからである。建設現場では、安全対策のための危険予知訓練をよくKYK(Kiken Yochi Kunren)と呼ぶので、未来予知訓練については、MYK(Mirai Yochi Kunren)と呼んでいる。

極意其の九　「あと何日」はプロジェクトマネジャーが聞きに行く

　報告は現場にさせるのではなく、プロジェクトマネジャーが聞きに行くべきである。プロジェクトマネジャーは「あと何日」と質問する。そして、「問題があるとしたらなんですか?」と続けて質問する。この議論によって問題を未然に発

掘し、先手を打つことができるのだ。そもそも、プロジェクトマネジャーの仕事は、進捗を管理することではなく、プロジェクトを成功させるようにマネジメントすることである。プロジェクトには不確実性はつきもの。現場は刻々と変化している。プロジェクトの成功のために、現場と積極的にコミュニケーションをするのは、プロジェクトマネジャーのもっとも重要な仕事でもある。ならば、「あと何日」は問題を未然に防ぐための格好の機会を考えて、自ら現場に聞きに行くべきなのだ。

現場を鍛える質問「何か助けられることはないですか？」

「問題があるとしたらなんですか？」の質問で問題が出てきたら、次の質問をプロジェクトマネジャーはする。

「何か助けられることはないですか？」

一見、優しい質問のように思える質問だが、想像以上に厳しい質問だ。この質

❾北海道の砂子組の広上伸二さんに名づけていただいた。クリティカルチェーンの公共事業への適用を日本で最初に実施したメンバーの一人である。

問をすると、可能性のある問題について、現場が対策を考えざるを得なくなる。それが、現場の考える力を鍛えていく。現場のことは現場がよく知っているから、よいアイデアが出てくるかもしれない。また、出てこなければ、一緒にプロジェクトマネジャーが考えてあげればよい。現場が依頼したことをプロジェクトマネジャーが支援してくれたとなると、それで対策で結果を出さなければならないという現場の責任感も大きくなるだろう。

赤バッファが続くプロジェクトに対して、経営幹部がプロジェクトマネジャーに同じ質問をするのもよい。それが、プロジェクトマネジャーを鍛えることになる。「何か助けられることはないですか?」は、優しいようだが、人を鍛える厳しい質問なのだ。

ゆとりのマネジメント

ここでもう一つ大きな変化に気づくだろう。マネジメントの焦点が、バッファという「ゆとり」のマネジメントに変わっていることである。

不確実性があるのがプロジェクト。いかにリスクを予測して、入念に準備しても予想外のことは必ず起きる。それに対処するためには、どうしても「ゆとり」は必要なのだ。「ゆとり」がなければ、いかに助けたくても助けられない。逆にゆとりがあれば、助け合うことも可能になる。

困ったときに相手を助ける「思いやり」、そして「チームワーク」の大切さを日ごろから教えられている我々だが、バッファという「ゆとり」は、助け合い、思いやりあるチームワークを実践するための源泉になることになる。

極意其の十

バッファを見せるべし

バッファを外部に見せるべきかという議論がよくあるが、これは意思決定の問題だ。しかし、バッファは本来見せるべきであると考えている。パート1で議論したように、バッファはもとはといえば、責任感からきている。その責任感のバッファを相手と共有することは、責任感を共有することだ。誰しも、自分の遅れのせいで全体に迷惑はかけたくないもの。自分の遅れのせいで全体が遅れることがわかるバッファマネジメントを見ると、クリティカルチェーンを全然知らない外部の業者や経営幹部も喜んで協力してくれることが多い。むしろ、腹のウチを見せ合う信頼関係が生まれる[10]といわれることさえ多い。

[10] バッファを見せることで信頼関係が生まれることを活用して、公共事業に適用したのが「三方良しの公共事業改革」である。国土交通省の全工事で現在適用されているこの活動は、世界でも高く評価され、各国が国土交通省の動きを見習うことさえ始めている。詳細は、拙著『三方良しの公共事業改革』（中経出版）をご覧いただきたい。

●マネジメント焦点の大きな変化

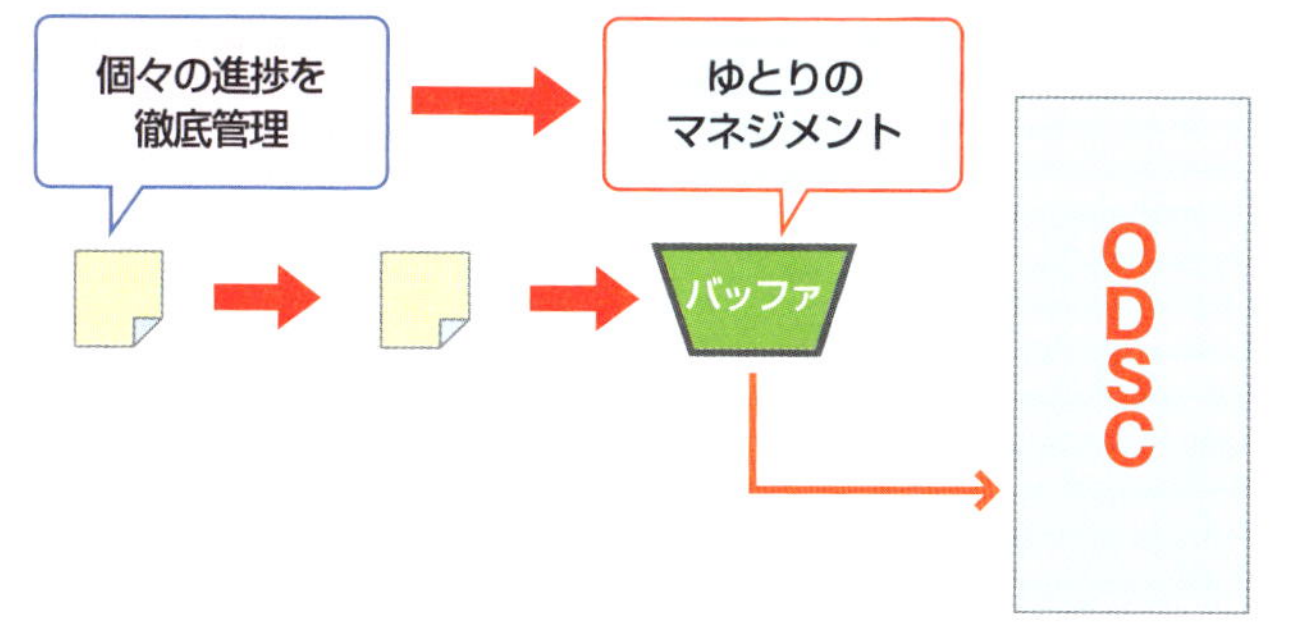

バッファは担当者を守り、プロジェクトマネジャーを守り、経営者を守る

ギリギリの厳しい納期で作業を迫られる担当者は、一見、大変厳しいように思えるが、実は、**このギリギリの納期を担当者が約束することが自分自身を守ることになる**。バッファが緑の場合は、プロジェクトマネジャーも経営者もまったく気にすることはない。バッファが緑である限り、安心して**作業に集中できる**。細かい報告作業に忙殺されることになく、「あと何日」だけを報告して、仕事を進めればよい。

もしも、できるかできないか五分五分の納期ならバッファは間違いなく消費される。というのは見積もった作業ができるかできないか五分五分であれば、50%の確率で作業は必ず遅れる可能性があるからである。

バッファの消費を見ることにより、その色の変化で、プロジェクトマネジャーや経営者は、実際に納期遅れが起こるはるか前に未然に手を打つ[11]ことが可能になる。つまり、バッファの消費という指標を見て、どのタスクがバッファを消費しているのかをモニターし、手遅れになる前に、手を打つのである。これは、サバなしのギリギリの納期を約束した見返りに、プロジェクトマネジャーがバッファで現場を守るということなのだ。

実際、バッファが急に赤になるわけではない。バッファが消費されるに従い、まず黄色になる。そのときにプロジェクトマネジャーは対策立案をする。

TOC豆知識

作業に集中できる

ゴールドラット博士は、プロジェクトマネジメントにおいて重要なのは、「いつマネジメントが介入するか」よりも「いつマネジメントが介入しないか」のほうであると語っている。

プロジェクトは人が行なうことである。タスクの作業担当が集中できるようにすることは、仕事の質を高めるのは言うまでもない。このために、CCPMでは、マルチタスクをなくし、万全の準備をして、プロジェクトを開始する。そして、進捗管理では、シンプルな「あと何日」の管理で、報告作業の負担を減らし、バッファが緑の間はマネジメントが介入せず、現場は仕事に集中できるような仕組みとなっている。

これに対して、目標も共有せず、準備も万全でないまま、とりあえずスタートしてしまうマルチタスクが蔓延した現場だと、マネジメントも心配で仕方がない。これが過剰管理を引き起こし、煩雑な報告作業などで現場の集中をそぎ、かえって事態を悪化させてしまう。すると、必然的に常にマネジメントが随時介入せざるを得なくなる。こういった現状から抜け出すのがCCPMなのだ。このメカニズムについては、拙著『過剰管理の処方箋』をご覧いただきたい。

赤になっても、この立案した対策を実行して、黄色や緑に戻すこともできる。

バッファが黄色になろうが、赤になろうが、実はまだプロジェクトは納期遅れになっているわけではないのだ。だから、手遅れになる前に作業担当者に対してプロジェクトマネジャーがなんらかの支援ができることになる。言い換えると、赤バッファとなっても、マネジャーが現場を放置し、手を打たないで納期遅れが起こったとすると、それは担当者の責任ではない。問題は早めに報告されているにもかかわらず、適切な手を打てなかったプロジェクトマネジャーの問題だ。

さらには、納期遅れが起こるはるか前に明らかに赤バッファが継続している状態で、プロジェクトマネジャーから経営幹部に報告されているのに、それを放置して、手を打てなかったとしたら、これは経営幹部の問題[12]ということになる。

[11]クリティカルチェーンでは緑はそのまま作業実行、黄色で対策を立案するが作業には干渉しない、赤になった時点で即刻対策を実施することが推奨されている。要するにバッファが緑・黄色である限り、現場はむやみな干渉をされずに作業に専念することができるのだ。

[12]実は、この方法をやり始めると上司や経営者は急速に忙しくなる。それは、手遅れになる前に問題の可能性の報告がどんどん上がってくるし、その判断を迫られるからである。しかし、それは一過性のことのようだ。手遅れになる前に手を打てることを現場が学んでいくと、少したつと現場と経営幹部の判断の基準が変わらなくなり、頼もしい現場に変わっていく。現場のことは現場が一番知っている。だから現場の打つ手もよりよいものになっていくのが通常見られることだ。

●バッファマネジメント

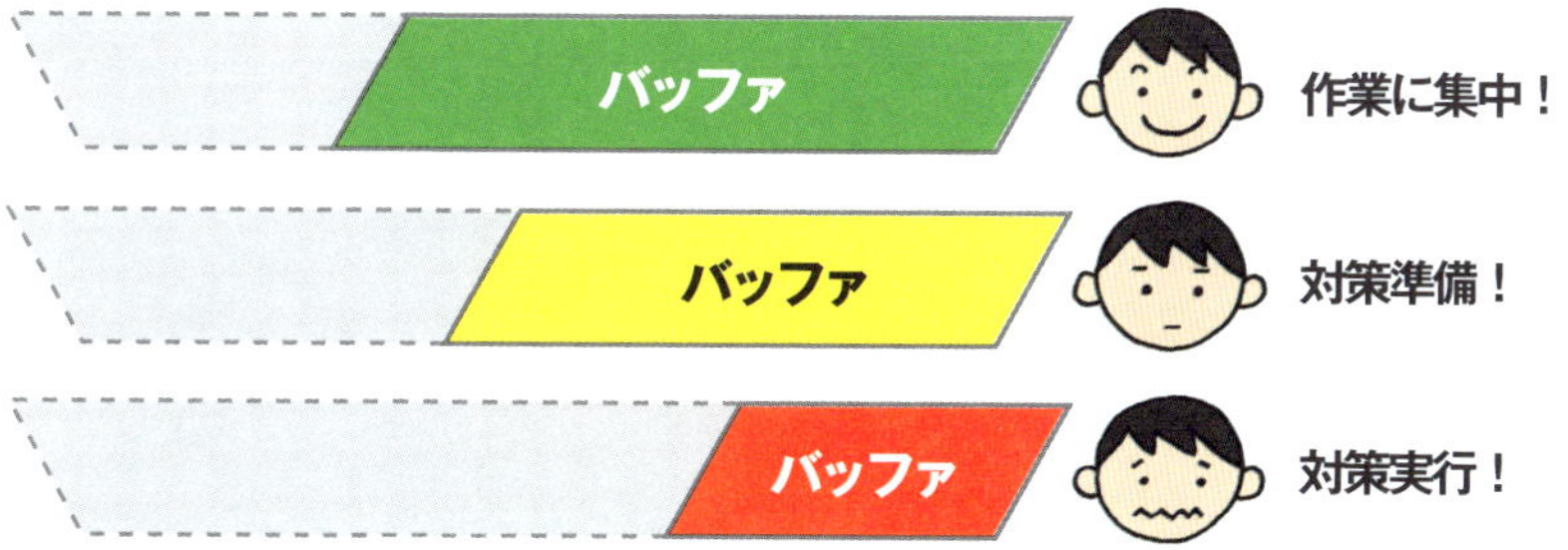
バッファ
作業に集中！
バッファ
対策準備！
バッファ
対策実行！

つまり、遅れに対して、問題が深刻になると、その問題の対処の責任が担当者からプロジェクトマネジャーへ、そして経営者へエスカレーションされ、また企業経営の全体の視点から手遅れになる前に手を打てるようになる[13]。

ここまでマネジメントがしっかりすれば、個々のプロジェクトが失敗する可能性は激減するに違いない。しかし、忘れないでほしい。プロジェクトには不確実性がつきものである。だから、問題が発生することを完全になくすことは不可能だ。最悪の場合、プロジェクトが破綻することだってありうるのだ。しかし、たった一つのプロジェクトがその時点で破綻したからといって、会社や組織全体から見ると、そのプロジェクトにおけるダメージを別のプロジェクトでカバーするというプランが実行できるかもしれないのだ。

その破綻の可能性が事前にわかればわかるほど、経営者は別の手を考える時間の余裕が生まれる。そのことは、企業や組織全体としてのダメージを最小限にとどめることにもつながるのだ。

[13]バッファの赤、黄、緑は、シンプル。経営が見ても、現場が見ても、優先順位は一緒である。これは、何が重要か優先順位を経営幹部と現場が共有しているということである。現場は、赤が優先なのはわかっているので、経営幹部にいちいち言われなくても、自律的に優先順位を上げて、対応を考えるようになる。そして、現場が全体最適の視点から動き出すのを見て、多くの方々が人の成長を実感するようになる。

継続的改善

遅れの理由を継続的改善に活かす

ギリギリの予定に対して、遅れが起こることはバッファマネジメントで見える化することになる。その理由を記録しておく。遅れの理由を「なぜ遅れたのですか?」と聞いてはならない。相手は人である。「なぜ遅れたのですか?」と聞くと、人は言い訳を考えてしまいがちになる。言い訳を聞いたほうは、腹が立つものである。上手な質問の仕方は、次の質問である。

「何を待っていましたか?」

この質問だと客観的に遅れの理由を考えることもできるだろう。その記録をプロジェクトの最中に残しておく。その記録をまとめてみると、図のように問題の大きなものが見えてくる。そして、その上位2割の問題をつぶしていくことで、全体の8割の問題が解決されていくという品質改善の基本の一つであるパレートの法

●遅れの理由を継続的改善に活かす

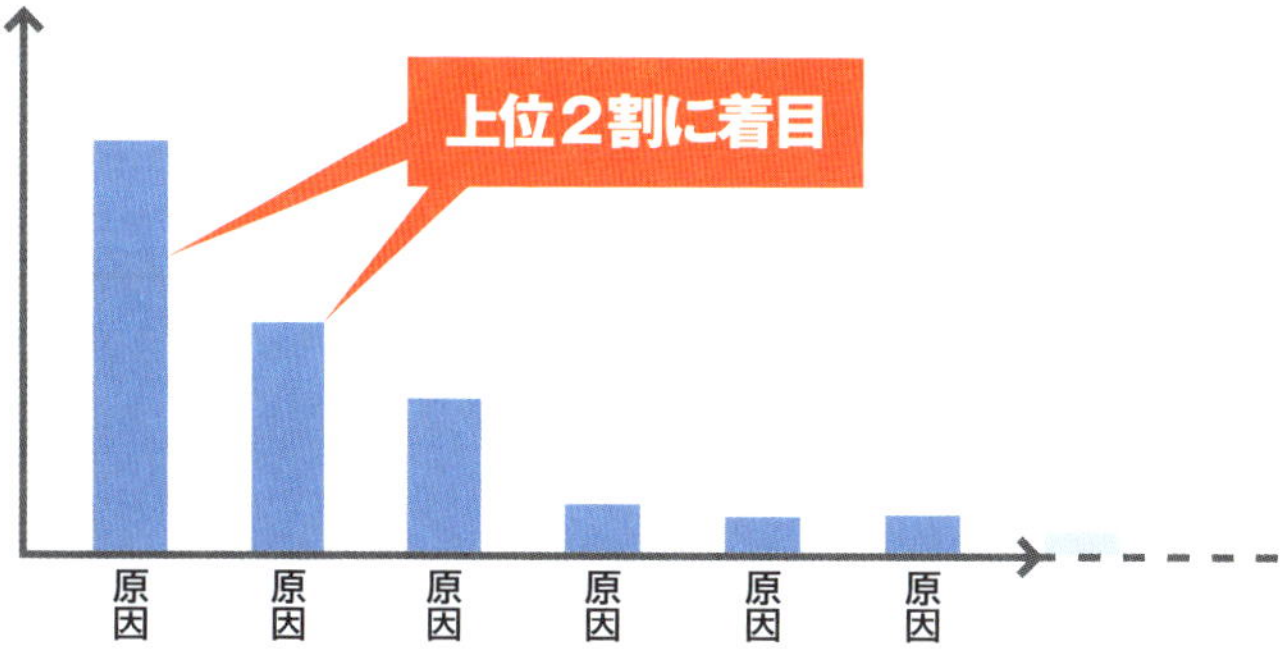
上位2割に着目
原因
原因
原因
原因
原因
原因

則を活用して、継続的改善をしていく。

ギリギリの工期とバッファで、**時間という概念を使って遅れを見える化**し、継続的改善をする極めてシンプルな方法だが、とてもパワフルなので、ぜひ試していただきたい。

よい遅れと悪い遅れ

遅れの理由にはよい遅れと悪い遅れがある。それは**バッファがなんのためにあるか**ということを考えることで明らかになる。プロジェクトは不確実性をもってプロジェクトという。予想できない不確実性、たとえば、天候、病気、技術的問題などのために、プロジェクトバッファが使われるのは、もともと想定された健全なバッファの消費のされ方といえる。一方で、準備不足、引き継ぎのまずさ、問題発見の遅れ、順番の間違いなど、あらかじめちゃんと準備しておけば、バッファを消費しないで済んだと思われる遅れの理由は悪い遅れの理由となる。プロジェクトにつきものの不確実性のために、せっかく準備したバッファをこういう準備不足で消費してしまうのはいかにももったいない。これを教訓として次に活かしていけばよいことになる。

やったこと、わかったこと、次にやること

TOC豆知識

時間という概念を使って遅れを見える化

「私にはヒーローが3人いる。一人はニュートン、二人目はガンジー、そしてもう一人は大野耐一氏。この3人は人類史上でもっとも重要な人物であり、そして、賞賛されるべきであると信じている。しかし、大野耐一氏は、その偉業にもかかわらず十分に評価されていない。彼は、世界中の工場を変えたのだ」――ゴールドラット博士は世界中でこう公言してはばからない。

ゴールドラット博士は、大野耐一氏がトヨタ生産方式で行なってきた本質の概念に目を向けた。カンバンによる在庫のマネジメントという概念を、物理的な在庫から、時間という概念にすることで、幅広くその概念を応用できるようにしたものが、TOCのバッファマネジメントなのだ。このことは、ゴールドラット博士自身「巨人の肩の上に立って」という論文で、発表しているが、そこにはゴールドラット博士の大野耐一氏に対する敬愛の念がこもっている⑭。

TOCはTheory Of Constr

こうして実行したプロジェクトの後に、振り返りをすることも継続的改善に役に立つ。工程表はすべて生の情報だ。この工程表を振り返り、問題となった作業などについて議論してほしい。何をやったのか？　それによってわかったことは何か？　次にやるべきことは何か[15]？　多くの気づきがあるはずだ。これを実践するために次の質問をする。

「やったことはなんですか？」
「わかったことはなんですか？」
「次にやることはなんですか？」

それらが糧となり、次のプロジェクトに活かされていくことになる。仕事はPDCA（Plan Do Check Action）サイクルを回すことが重要とよくいわれるが、まさにPDCAサイクルを回す**継続的改善プロセス**が埋め込まれた経営が自然にできあがることになる。

⑭この論文は、『週間ダイヤモンド』（2008年12月6日号「巨人の肩の上に立って」112～129ページ）で発表されている。

⑮日本能率協会コンサルティングの方々にKI計画(Knowledge Intensive Staff Innovation Plan)という手法の中にYWTというがあることを教えてもらった。Yは「やったこと」、Wは「わかったこと」、Tは「次にやること」の略だ。ご許可をいただき、ここに掲載させていただいた。とてもわかりやすい方法でおススメの手法だ。

-aints、制約理論である。なぜ博士は「理論」という言葉を使ったのだろうか。「理論」を広辞苑で調べると「個々の事実や認識を統一的に説明することのできる普遍性を持つ体系的知識」とある。つまり彼は大野耐一氏が残した考え方の本質を体系的知識にまとめて、「理論」を構築しているのだ。

継続的改善プロセス

『ザ・ゴール』の英語名の副題が、「Process Of On-Going Improvement」（継続的改善プロセス）であるのをご存じだろうか？　彼は、これをPOOGI（プーギー）と呼んでいるが、今では世界中のTOCの実践者の共通用語として使われている。

TOCを入れた現場にマネジメントの監査員が来て驚かれることがしばしばある。特別なことをしなくても、自然に継続的改善プロセスが回り、マネジメントが常に改善され、それとともに業績が目覚ましく向上しているからだ。監査員が興味を持ってTOCにハマってしまうことも国内外で少なくない。

ゆとりのマルチプロジェクトマネジメント

ゆとりが和をつくる

次ページの図はすべてのプロジェクトのバッファの状況を一覧表示した状況だ。全社のプロジェクトの進捗がシンプルな赤、黄、緑で示されている。忙しい経営幹部でも、どこに集中して支援すればよいか状況を的確に把握でき、手遅れになる前に先手先手で手が打てる。現場から見ても、どのプロジェクトのどのタスクを優先すればよいかは明らかであろう[16]。

プロジェクトには不確実性がつきものである。今たまたま自分のプロジェクトに余裕があれば、困っているプロジェクトに応援を出してあげることを考えるようになる。子どものころから、「助け合い」「思いやり」などの価値観を教えられてきている我々である。困ったときに助けられる側からすると、こんなにありがたいことはないかもしれない。その恩を覚えていて、次に相手のプロジェクトが苦境に陥ったときになんとかしてあげたくなるものだ。

経営幹部から作業担当者まで共通の判断基準で、全体最適の視点で判断が行なわれ、お互いに助け合いながら、プロジェクトがどんどん進む。常に全体最適を意識しながら、日常の活動を行なうメンバーの中に浸透していく信頼関係。いつのまにか「和を以て貴しと為す」と教えられてきた日本の美しい価値観を実践しつつあることに気づく。ゆとりが和[17]をつくる源泉になっているのだ。

実はこの図が示しているのは、全社のすべてのプロジェクトの「ゆとり」が共有されている状況なのだ。パート5で、ゆとりをどうやってつくったか覚えているだろうか。個々のタスクの中で不確実性から、約束を守るために持っていたサバ。それは個々の責任感の塊でもある。その責任感の塊を集めたものがバッファである。つまり、この図は、全社の責任感がすべて集められたものである。

赤のバッファ、黄のバッファ、緑のバッファはそれぞれのプ

⑯どのタスクを優先するかはプロジェクトの優先順位と進捗状況に応じて経営判断していく。実際にやってみればわかることであるが一つのタスクはせいぜい1日から5日くらい、多いときでも2～3週間といったところではないだろうか。その間は、一つのタスクに集中して完了まで邪魔をせず、作業に集中してもらう。そのタスクが終わった後、次のタスクに同じように集中して完了までやってもらう。タスクの担当者にとって、これがどのプロジェクトに属しているかはまったく関係ない。同じプロジェクトであろうが、別のプロジェクトに移っていようが、同じようにタスクとして一つのことに集中すればよいのである。

⑰「和」はゴールドラット博士のお気に入りの日本語。世界各地の講演で、"You must respect WA!" と語って「和」の大切さを説いているのを見ると日本人としてチョッピリうれしくなる。

●マルチプロジェクトの状況

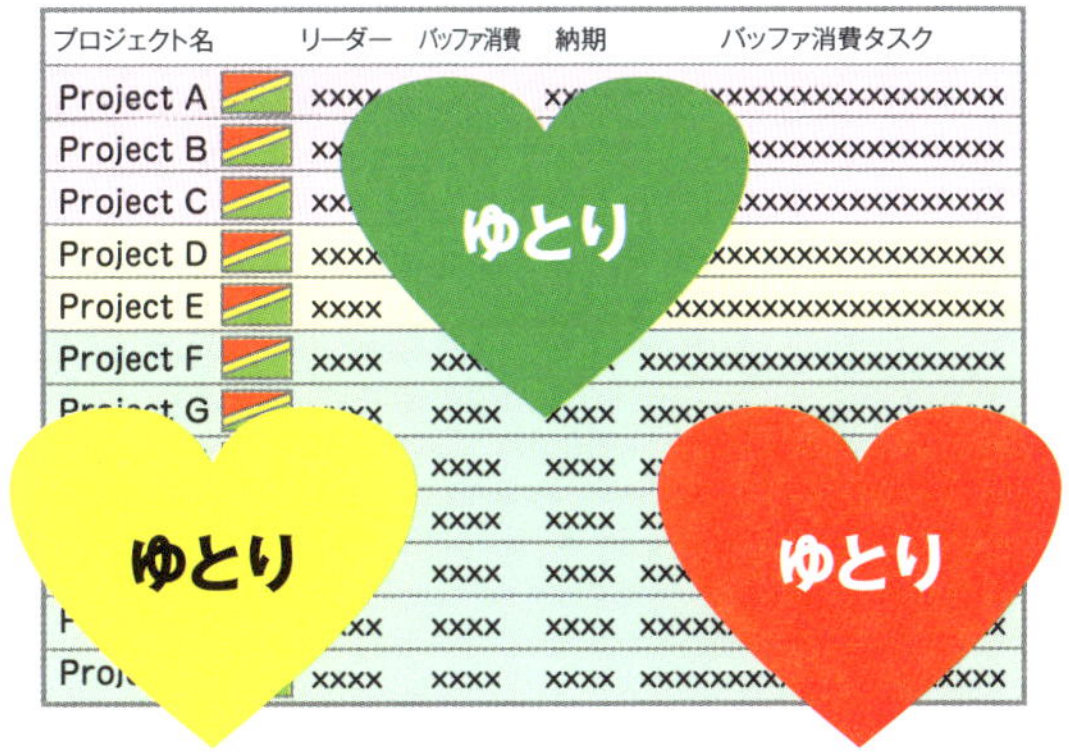

プロジェクト名
リーダー
バッファ消費
納期
バッファ消費タスク
Project A
Project B
Project C
Project D
Project E
Project F
ゆとり
ゆとり
ゆとり

ロジェクトのゆとりである。優先順位も全社のゆとりが共有されている中で、マネジメントの焦点は、個別にそれぞれのプロジェクトの進捗を管理するという視点から、自然に組織全体のプロジェクトの状況を眺めながら、「ゆとり」をいかに融通し合うかという全体最適の視点に変わることになる。

極意其の十一

愚直に、愚直に、さらに、愚直に！

クリティカルチェーンを実践するのに極めて重要なコツがある。それは、愚直にやることだ。実際にCCPMを実践するには、本書のカバー裏にある「CCPMの3つの段階とパワフルな質問集」を使うだけだ。おわかりのように、すべての質問はロジカルに練られたものであり、本当に必要で最小のものしか入れていない。必要で最小のものしか入れていないということは、一つ抜けるとロジックが抜けてしまうということになる。質問はそれぞれの場面で、数個しかない。だから、愚直に、愚直にぜひ、この質問を試してみてほしい。

変わるのは現場でなく「経営」

ここまで議論してきたことを考えると、プロジェクトマネジメントは経営そのものであると考えることができる。実際に、クリティカルチェーンを実施してみるとわかることだが、変わるのは「現場」ではなくマネジメント、つまり「経営」のほうである。複数のプロジェクトの間で、「全体最適の視点から」経営上の優先順位をつけ、それに合わせてリソースをマネジメントしていくというのは、まさに経営の仕事以外の何ものでもない。実際に「マネジメント」という単語を英和辞典で調べてみると、「取り扱い、統御、操縦、運用、経営、管理、支配、取り締まり、処理、やりくり、術策、ごまかし、経営力、支配力、経営の手腕、経営幹部、経営陣、経営者（側）、雇用者［使用者］側、管理者」などと書いてある。

一般的に「プロジェクトマネジメント」を日本語で使うときは、「プロジェクト管理」と訳すことが多い。実は、ここに大きな落とし穴があるのではないかと私は考えている。「プロジェクト管理」とするから、管理手法を考えて、原価管理とか、進捗管理とか管理ばかりを議論することになってしまうのではないか。

もともとプロジェクトでもっとも重要なのは、ＯＤＳＣ（目的、成果物、成功基準）に書いた目標の達成であり、また現実の環境と限られたリソースの中でどれを優先するかという経営判断から始まる。そして、進捗中においても次々と起こる問題点や変化に対して、会社として最大のアウトプットを達成するために優

先順位とリソースを割り当てていくのは経営者の仕事以外の何ものでもない[18]。

だから、プロジェクトマネジメントの日本語訳はプロジェクト管理ではなく、プロジェクト経営のほうが正しいのではないかと思う次第である。

提言 日本的経営のポジショニングマップ

これまでの議論したことを下図のようなポジショニングマップを使って考察してみたい。縦の軸は、やさしい・複雑、横の軸は、コミュニケーション・監視／監督でとるとおもしろいことがわかる。左下の象限は、伝統的なピラミッド型組織体系でとられている指示命令によるマネジメントである。ここには「ちゃんと管理しなければならない」というロジックが強く働いている。そのためには、職務分掌を明確にして、マニュアルやルールづくりに終始することになる。

しかし、残念ながら、この手法で行き着くところは、人を「マニュアル人間」化することであり、結局、そ

●日本的経営のポジショニングマップ

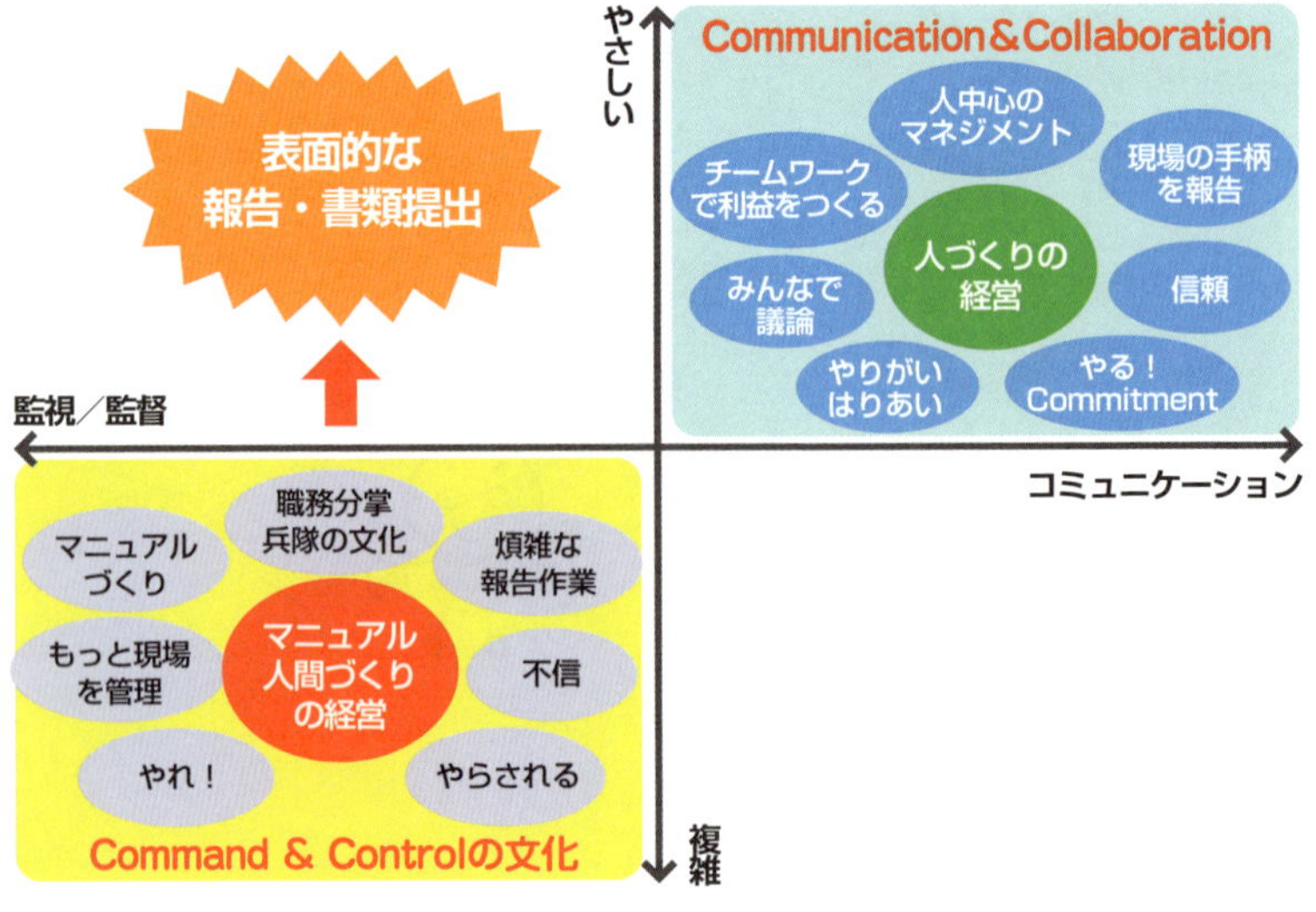

やさしい
複雑
監視／監督
コミュニケーション
表面的な報告・書類提出
Communication＆Collaboration
人中心のマネジメント
チームワークで利益をつくる
現場の手柄を報告
人づくりの経営
みんなで議論
信頼
やりがいはりあい
やる！Commitment
職務分掌兵隊の文化
マニュアルづくり
煩雑な報告作業
もっと現場を管理
マニュアル人間づくりの経営
不信
やれ！
やらされる
Command & Controlの文化

⑱「マニュアル人間」の問題がよく議論されているが、実際にはマニュアル人間を生産しているという皮肉な結果である。

の中で人は、「やらされる」という気持ちの中で仕事を進めることになる。やらされ仕事の中では、成果がナカナカ上がってこないのは当然のことであろう。またこの手法では、あらゆる問題・課題を想定してマニュアルをつくらなければならないために、結果的に、人が読んで理解し、行動に結びつけるには不可能なほどの膨大なマニュアルとルールが作成される。

理解できない膨大なマニュアルとルールの中では、人は「大過なく過ごす」ほうが、より安全でトクであることを学ぶ。マニュアルとルールに違反したら手ひどいペナルティーが待っていることを人は理解しているからである。複雑化したマニュアルとルールにがんじがらめになると仕事を進めるのはむずかしい。その中で担当に、進捗の報告を求めるなら、日常抱えている煩雑な業務の中で報告事項をこなすために、人は、表面上は書式にのっとってはいるが、形式的な報告を行なうようになる。

現在紹介されているさまざまな経営手法、管理手法の多くは、Command & Control の文化がベースにある。多くの手法が、日本で消化不良となり結果を出していないのはこういった Command & Control の手法が日本の現場になじまないからではないだろうか？

一方で右上の象限は Communication & Collaboration である。**プロジェクトは人が行なうもの**である。さらには同じものが二度とない。チームワークのプロジェクト環境において、人と人のとの対話によるコミュニケーションの重要性は計り知れない。突き詰めていえば、**人と人が知恵を出し合い、議論することによってのみ、プロジェクトはより高い成果を出す**ことになるのである。チームワークでプロジェクトを進め、プロジェクトリーダーが現場を管理し、マネジメントに手遅れになるはるか前に手を打てるように報告する。これが、プロジェクトマネジメントの王道本筋の姿ではないだろうか。この**人と人とのコミュニケーションにより、人は「やりがい」「張り合い」を感じて、自ら「やる！」と Commitment してプロジェクトにあたることになる。**

左下の象限の Command & Control のマネジメントは、結果として「マニュアル人間」をつくってしまい、右上の象限の Communication & Collaboration のマネジメントは、「やる！」という Commitment のある「人づくり」の経営といえるであろう。

プロジェクトは人が行なうものという現実を理解するなら、人の活性化をいかにして行なうかをマネジメントすることが重点であるはずである。これを考えると、「やりがい」「張り合い」をつくる「人づくり」の経営が、より成果を出すというは当然のことであると考えられる。

CCPMのユニークな範囲

これまで見てきたように、CCPMは従来のイメージのプロジェクト管理の範囲にとどまらないことがおわかりになるであろう。期間短縮、目標の共有、業務プロセスの継続的改善、利益創出、理念の浸透、人材育成、楽しい職場、成長する組織、そして繁栄し続ける企業へのマネジメントの変革を実践するための知識体系であり、それは今も進化し続けている。

ゴールドラット博士の言葉を締めくくりに引用したい。

●CCPMのユニークな範囲　マネジメント変革

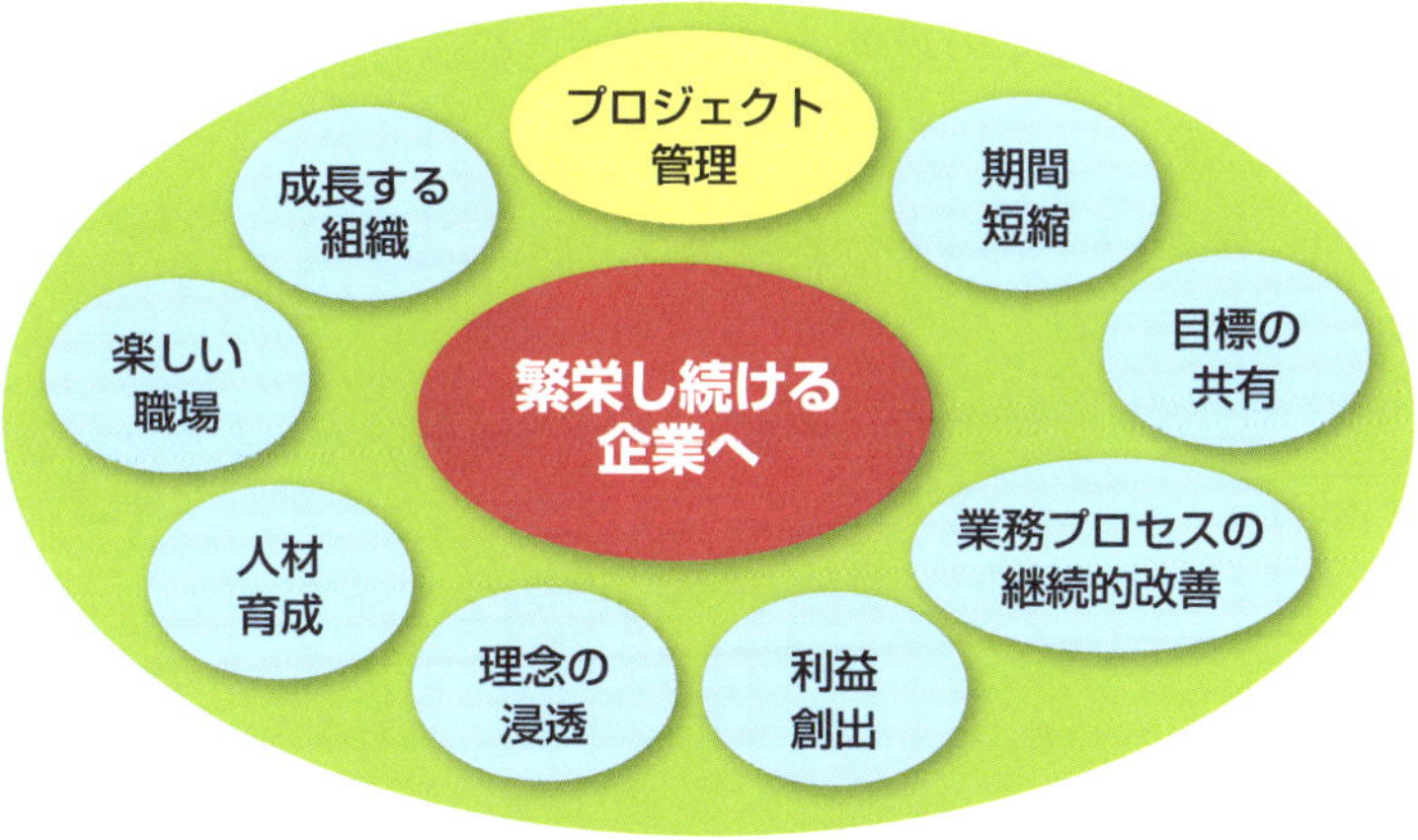

現実：プロジェクトは人が行なうものである

人中心の全体最適マネジメント変革のツール

I view sciences as nothing more than an understanding of the way the world is and why it is that way. At any given time our scientific knowledge is simply the current state of the art of our understanding. I do not believe in absolute truths. I fear such beliefs because they block the search for better understanding. Whenever we think we have final answers progress, science, and better understanding ceases. Understanding of our world is not something to be pursued for its own sake, however. Knowledge should be pursued, I believe, to make our world better—to make life more fulfilling.

私は、科学とは世界がどうなっていて、どうしてそうなっているのかを理解するものにすぎないと単に考えている。どんなときにおいてでも、科学上の知識は、我々の現状の理解を表現している状態にすぎない。私は完全な真実などはないと考えている。そういった考えは、よりよい理解をするための探求を妨げてしまうことがあるので怖いのだ。最終的な解を得たと信じたときに、進歩や科学、よりよい理解は止まってしまう。我々の世界をよく理解することは、そのことそのものを目的とするべきではない。知識は、我々の世界をよりよいものにするため、我々の生活をより充実したものにするために、追求すべきものだと信じている。

Dr. Eli Goldratt, THE GOAL, 1984
エリヤフ・ゴールドラット博士『ザ・ゴール』（1984）英語版の序文より

道草コラム

ゴールドラット博士と日本

2006年11月。ゴールドラット博士とはじめて出会ったのは、経団連主催のセミナーのために、東京のパレスホテルに来日していたときのことだった。

私が、海外のプロジェクトマネジメントシンポジウムで発表したTOCによる行政改革の論文に興味を持ったという博士は、いきなり「あなたが岸良か！」と言いながら、私の肩を抱きながらそのまま控え室に。博士はパイプに火をつけ、しばらく黙っていた。私にはその時間が何分にも思えたが、きっと数秒の沈黙だったかもしれない。それほど重い空気だった。そして質問が始まった。

私がTOCを知った経歴とか、どういう考え方をしてTOCを実践してきたかという質問だったと記憶している。強いアクセントの英語、そして独特の威圧感のある雰囲気の中で、正直いって質問というよりも詰問されているような重圧であった。一つひとつ自分が経験してきたことを、ものすごく緊張しながら答えたように思うが、正直、本当に怖かった。おそらく質問は30分くらい続いたと思う。急に、博士の顔が明るくなり、打ち解けたようにゆっくりと笑顔で話し始めた。

「私と同じように、人が本当に善良であると信じているなっ」

この言葉を私はきっと一生忘れないだろう。おそらく、博士は、彼の理論のおおもとである〝People are good〟を本当に信念として持っているのか、そして実践しているのかを確認したかったのではないかと思う。そして私の著書『マネジメント改革の工程表』を見て、本のコンセプトや内容について説明してほしいと言われた。説明している間「サバよみ虫」などのコンセプトについて、博士はニコニコしながら聞いていた。

「世界中の多くの人が知っている通り、私は滅多なことでは人を賞賛することはない。しかし、あなたが書いた論文『三方良しの公共事業改革』[19]は本当にすばらしい。美しさがある。ユージ、ぜひ、この本を英語で出すべきだ。私が個人的に推薦する。海外に出そう！　おまえの本がもっと売れるように私が一緒に写真を撮ってあげよう。この写真を本のマーケティングに使いなさい」

信じられない強烈な出会いだった。

私は打ち解けたところで、調子に乗って、博士は日本嫌いと聞いたことがあるけれど（実際に『ザ・ゴール』の翻訳を日本で20年近く許さなかったという話もある）、本当に日本が嫌いなのか、失礼にも聞いてしまった。すると彼の答えは、

〝I LOVE JAPAN！〟

博士は強い調子で語りながら、パイプを差し出し笑顔を見せた。

⓳『三方良しの公共事業改革』とは、住民良し、企業良し、行政良しの公共事業改革をしようというものである。物語のはじめは2005年の夏にさかのぼる。北海道の砂子組という建設会社が取り組んだ日本で最初の公共事業へのCCPMの適用事例である。若手代理人が挑戦したテスト工事は、地域の和をつくり、期間を短縮し、利益を増やし、税収を増やすことを実証した。このたった一つのテスト工事が、住民良し・企業良し・行政良しの『三方良しの公共事業改革』を全国に普及させるきっかけとなったのである。今では正式に国策として採用され、国土交通大学で幹部研修を行なうようになっている。この活動は日本のみならず、世界各国で高い評価を得ている。詳細は拙書『三方良しの公共事業改革』を参照してほしい。

ますます厳しくなる喫煙事情。海外ではもっと厳しく、ホテルの中で喫煙することはほとんどの国でできないのが実態だそうだ。ところが日本では、部屋の中でパイプが吸える。それをもって「日本が好き」と言う。

「パイプとミルクたっぷりのコーヒーさえあればほかには何もいらない」

博士はいつもこう言っているそうだ。そして博士は続けて言う。

「私にはヒーローが3人いる。一人はニュートン、二人目はガンジー、そしてもう一人は大野耐一氏。この3人は人類史上でもっとも重要な人物であり、そして、賞賛されるべきであると信じている。しかし、大野耐一氏は、その偉業にもかかわらず十分に評価されているとは言えない。彼は世界中の工場を変えたのだ。私は本当に日本を尊敬している。偉大なデミング氏のＱＣも本国よりも、日本でいち早く注目を浴び、幅広く実践された。盛田昭夫氏の〝Made in Japan〟を読んでみてほしい。ＴＯＣの考え方はあまりに日本の文化に自然なのだ。だから、それがＱＣと同じように日本がいち早く取り入れてしまい、ほかの国が追いつけないほどの競争力を手につけるのを、本当に恐れたのだ。『ザ・ゴール』を翻訳するのを許さなかった国は世界でたった一つ日本だけ。そして、翻訳された今、

世界でもっとも私の本が売れているのも日本。そして、その理論を進化させ、成功事例をもっとも活発に出しているのも日本だ」

『ザ・ゴール』で博士を知り、今では世界中で一緒に活動するようになった私だが、第一印象とまったく違う博士の人間像がだんだんわかってきた気がする。

パイプとミルクたっぷりのコーヒーしかいらない。現場の人の喜びの声に大きな喜びと感動を覚え、チャーミングでかわいらしく、ジョーク好き。しかし、妥協なき完璧なロジックを追求する人。

それが私が持つ今の博士の印象だ。

道草コラム

なぜクリティカルチェーンでは劇的に納期が短くなるのか？

今までの議論でおそらくすでにみなさんには明らかであろうが、なぜＣＣＰＭでは納期が短くなるのかをここでまとめてみたい。次の図は現在の会社の様子を表したものだ。プロジェクトをつくるパイプラインに次から次へとなんでも最優先に案件が放り込まれる。その中には、期間が長いものも、短いものもある。この中で、奮闘するのは現場のプロジェクトマネジャーである。彼らが現場を仕切り、計画を立て、進捗管理をしている。経営側は売上げを上げ、利益を上げるのに必死である。受注は多ければ多いほどよい。とにかく案件を次々と持ち込む。

その現場は多くの場合、マルチタスクで作業が行なわれている。現場は忙しく一生懸命、作業をこなすが、効率は悪い。なぜか現場はバタバタしているし、プロジェクトの途中で、仕様変更や優先順位変更はザラ。その調整に明け暮れる現場のプロジェクトマネジャー。めまぐるしく変わる状況に、心配になる経営幹部は、コスト管理、進捗管理、マイルストン管理、そして、報告書や会議で現場をますます締めつける。その中で現場はギスギスしてくる。そしてパイプラインに亀裂がいくつも起こる。

20 こういうプロジェクトが糞詰まりで亀裂しかけているときに、ケツをひっぱたく上司もいるらしい。これはさらに痛いと思うのは私だけだろうか……。

この図を見て、多くの方々はどうも肛門を想像されるのだが、決してそれは筆者の意図ではない。しかし、このパイプラインには液体が満たされていて、長い間そこで停滞すると、プロジェクトはますますふやけて、長くなる。そしていつまでたってもモノが出ない状態となる。そして、亀裂は耐えられないほど、とても痛い[20]。

たくさんプロジェクトを入れれば入れるほど、たくさん売上げが上がるという思い違いが、現場にとんでもない混乱をもたらし、次々と同時進行のプロジェクトは増え続け、いつまでたってもモノが出ない。そして、お金が入らない。だから、会社の資金

●現在のパイプライン

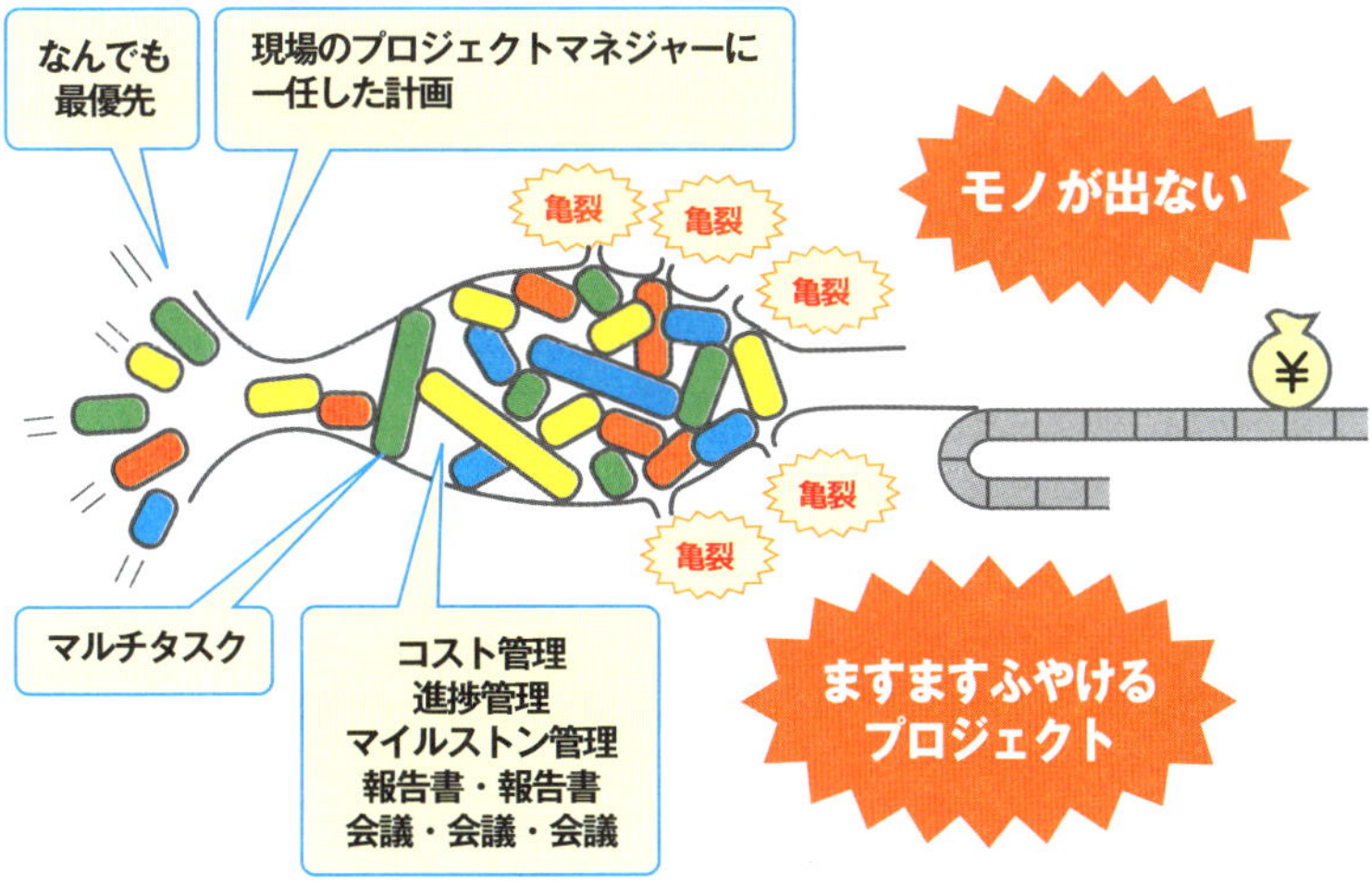
なんでも
最優先
現場のプロジェクトマネジャーに
一任した計画
亀裂
亀裂
亀裂
亀裂
亀裂
モノが出ない
¥
マルチタスク
コスト管理
進捗管理
マイルストン管理
報告書・報告書
会議・会議・会議
ますますふやける
プロジェクト

繰りがますます悪くなる。

この問題を解決するのがクリティカルチェーンなのだ。クリティカルチェーンを実施したパイプラインは下の図のようになる。

まずは、仕事の優先順位を経営判断し、今はやらないことを決めることにより、やると決めたプロジェクトにリソースを集中する。そして、ODSCを使って、みんなですり合わせし、合意した目標を議論し、経営も関与して優先順位を決定する。

段取り八分で十分に議論し、目標達成のための意思統一を行ない、必要な仕事だけを漏れなく、リスクを前もって予測してネットワークを作成し、できるかできないか五分五分で作業担当者のやる気と創意工夫を引き出し、ベテランの知恵を取り入れ、みんなで議論して、段取り八分の計画を作成する。

そして実際の実行段階では、担当は、段取りよく、しかも、一つに集中して作業できるので、仕事の品

● CCPMのパイプライン

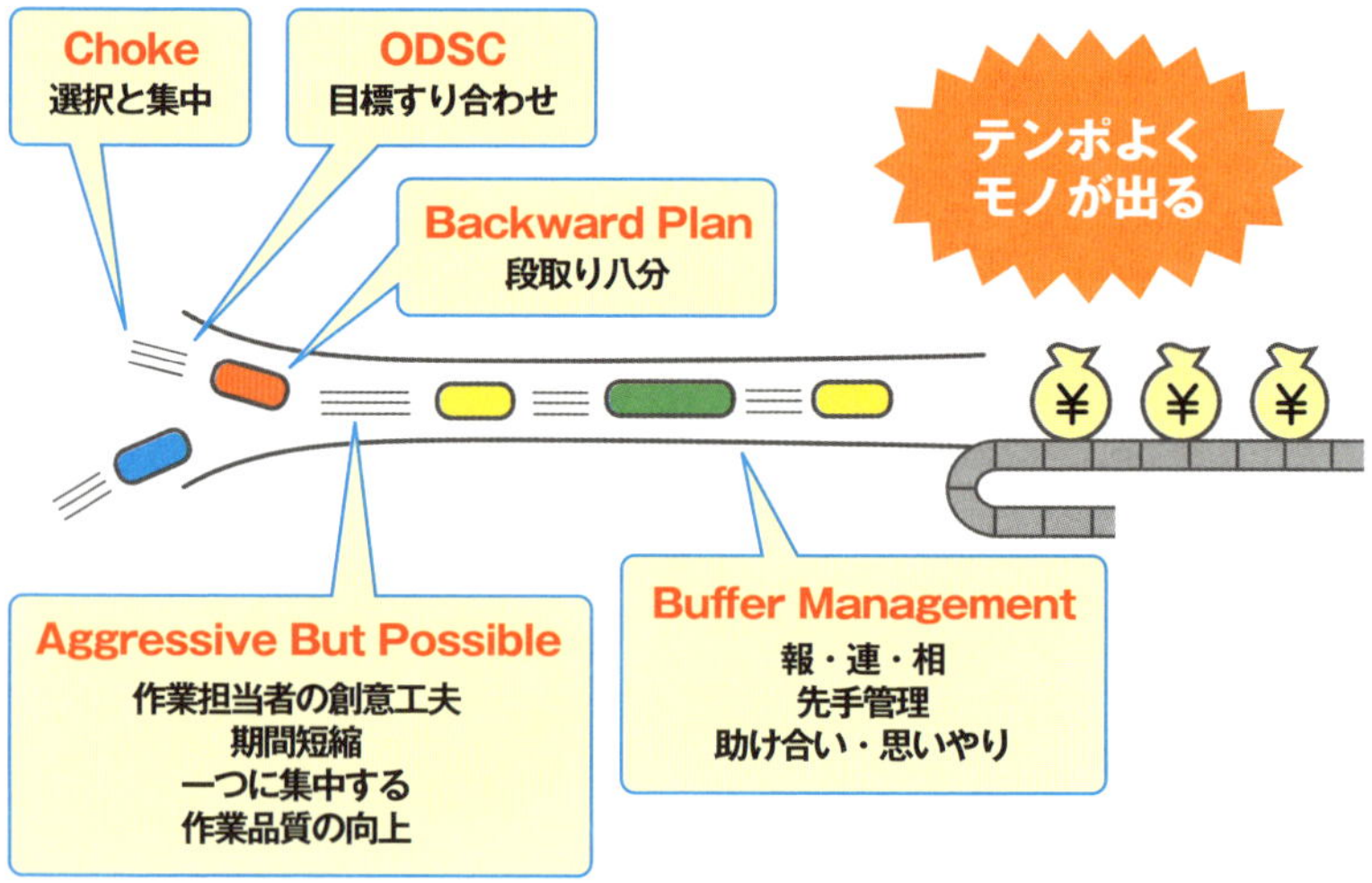
Choke
選択と集中
ODSC
目標すり合わせ
Backward Plan
段取り八分
テンポよく
モノが出る
¥
Aggressive But Possible
作業担当者の創意工夫
期間短縮
一つに集中する
作業品質の向上
Buffer Management
報・連・相
先手管理
助け合い・思いやり

質も格段に向上している。そして、バッファマネジメントによって、進捗管理はシンプルで簡単だ。「あと何日」という形で報告すればよい。バッファが緑ならばイチイチ細かい報告は不要だ。作業が遅れても、バッファが黄、赤に変わることで、報・連・相が手遅れになる前に行なわれ、プロジェクトマネジャーや経営幹部が先手先手で手を打つことができる。複数のプロジェクトでバッファを共有すれば、それぞれのバッファの状況を比べながら、リソースの再配置も容易である。

そういう中で組織は助け合いと思いやりに支えられて仕事が進む。一つの期間は最初から短いし、実施段階では周囲の支援をタイムリーに得ながら、プロジェクトが進むので、成功する確率は飛躍的に高まり、テンポよくモノが出る。つまり、次から次へとモノが出るので、お金が入ってくる。資金繰りがよくなる。ゆとりがあるので、人も自然に元気になってくる。それがクリティカルチェーンの効果なのだ。

パート6のまとめ

- 進捗率は「あと何日」で管理する
- 「あと何日」はプロジェクトマネジャーが聞きに行く
- 「問題あるとしたらなんですか？」と質問し、リスクつぶしする
- 「何か助けられることはないですか？」の質問は、人を鍛える

◉ バッファを外部に見せることで、信頼関係が生まれる

◉ バッファは担当者を守り、プロジェクトマネジャーを守り、経営者を守る

◉ 「何を待っていましたか？」と質問し、断続的改善に活かす

◉ ＣＰＭで変わるのは現場ではなく「経営」である

さばよみむしのうた

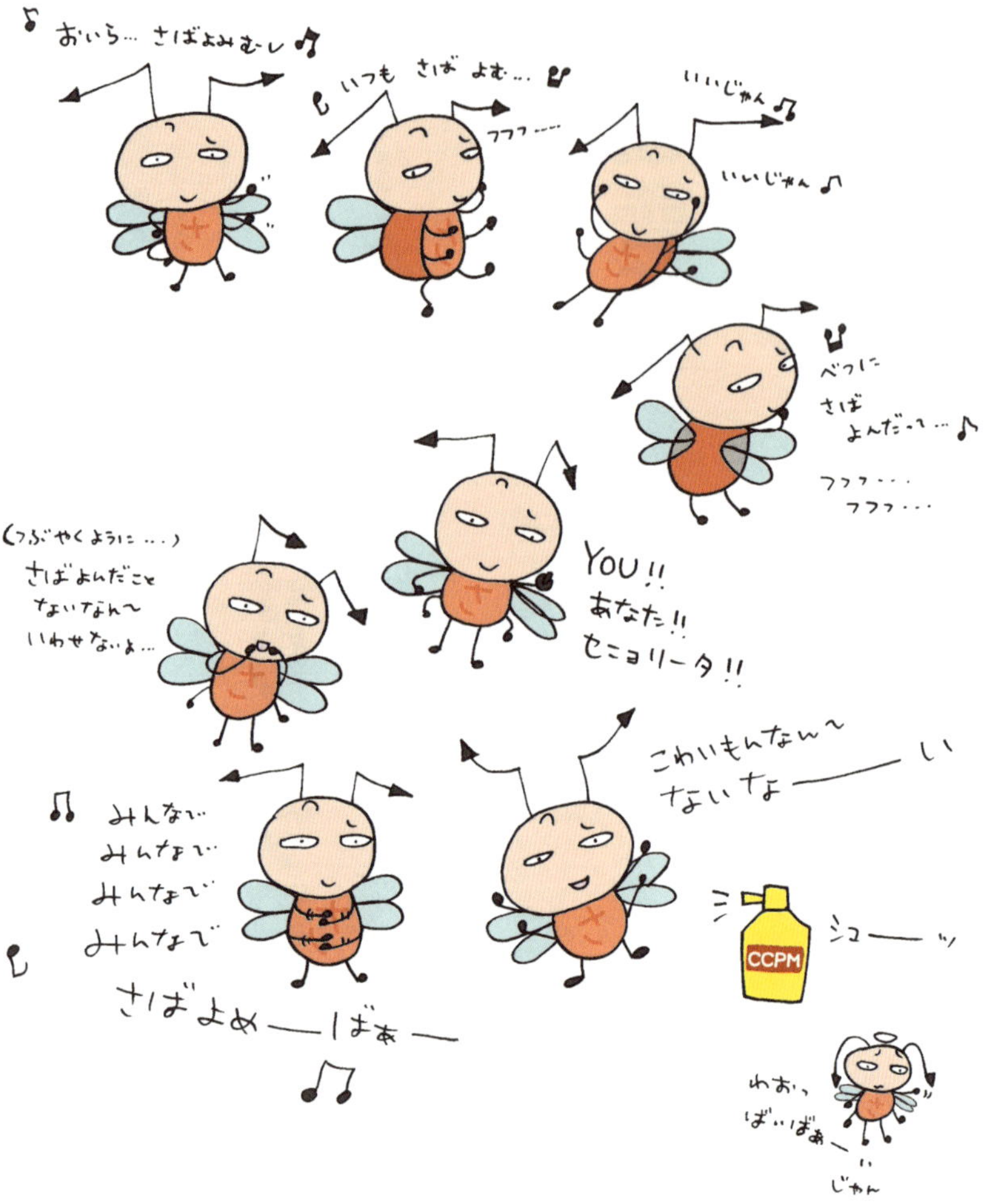

♪おいら… さばよみむし♪
いつも さば よむ…
フフフ….
いいじゃん♪
いいじゃん♪
べつに
さば
よんだって…♪
フフフ・・・
フフフ・・・
(つぶやくように…)
さばよんだこと
ないなんて
いわせないよ…
YOU!!
あなた!!
セニョリータ!!
こわいもんないい~
ないな――――い
みんなで
みんなで
みんなで
みんなで
さばよめ――ばぁ――
CCPM
シュ――ッ
わおっ
ばいばぁ――い
じゃん

おわりに

5年前に書いた本。これを改訂するということは、当時の自分に出会うこと。それは、とても新鮮な経験であった。ここまで考えていたのかぁー……と思ったり、一方で、当時と比較して自分自身の進化にちょっぴりうれしくなったり……。楽しく充実した執筆活動となったが、このノリが読者の方々に届けば幸いである。

雲泥の差という言葉があるように、「知ること」と「やれること」の差は本当に大きい。ゴルフの本を読むだけで、すぐにゴルフがうまくなれると思う人はいないだろう。自分でやってみないとわからないことは多いものだ。「知ること」と「やれること」の差を埋めるのは、実際にやってみて訓練を続けることかもしれない。ゴールドラット博士の『クリティカルチェーン』を読んでから、もしかしたら、誰よりもたくさんの訓練をしてきたのかもしれない。気がついてみると、自分の本がゴールドラット博士の推薦をもらって世界各国で出版されるようになり、ゴールドラット・グループの中でクリティカルチェーンを教えるまでになってしまった。

日本のみならず、世界各国のさまざまな組織でクリティカルチェーンを実践する日々。そのつど、新しい学びがある。そして、やればやるほど、理解がより深まってくる。今でも、ゴールドラット博士の開発した理論のシンプルさとその奥深さに、驚かされることもしばしばだ。ゴールドラット・グループのクライアントは世界各地にいる。限られたリソースなので、我々が常時つきっきりでいるわけにはいかないのが現実。そこで、クライアントが自分たちでやれるように教えることが必要となる。「知ること」と「やれること」の差も大きいが、「やれること」と「教えること」の差はもっと大きいことを実感する。本当にわかっていなければ、人にやれるようには教えられないのだ。

まったく違う産業、まったく違うプロジェクト、まったく違う文化の中、人にやれるように教える毎日。ここ数年は、猛烈な学びの機会であった。そうやっているうちに、ある日、自分が関与しなくても、みんながうまくやれるようになっていた。それは、Teach how to teach（教えられるように教える）ということ。ゴールドラット博士をも驚かせた斬新だが、考えて見れば当たり前の方法だった。クライアントにやれるように教えるのではなく、彼らがプロジェクトメンバーを動かして実践できるように「教えられるように教える」ことだった。

相手が「教えられるように教える」と心に決めたときに、彼らが誰にでもわかりやすく説明できるように教えるための訓練が始まり、それがより深い理解をもたらしてくれ、より短期間により目覚ましい成果をクライアントにもたらすことになった。そうした学びをこの本で説明したわけだが、この本がきっかけとなり、読者の方々の「知ること」が「やれること」につながり、すばらしい成果を出し、そして、「教えられるように教える」ことで、さらに目覚ましい成果を周囲にもたらすことになれば、こんなにうれしいことはない。

ゴールドラット博士をはじめ、ゴールドラット・グループのメンバーとの知的興奮にあふれた毎日はまるで夢のようでもある。

こうしたきっかけをいただいたのも、ゴール・システム・コンサルティングの村上悟社長のおかげと感謝している。現場あってのワタクシである。さまざまな経験を一緒に共有してきたみなさまに、本当に感謝している。

本の編集については中経出版の宮脇美智子さん、そして、デザインについてはムーブの新田由紀子さんの両コンビにお世話になったが、お二人のノリに支えられて、本当にワクワクと楽しい執筆をさせてもらって感謝している。いつものことだが、絵本作家である「きしらまゆこ」のイラストと洞察に満ちたアドバイスがなければ、私の本は成り立たない。彼女あっての私と、本当に感謝である❤

参考文献

Eliyahu M. Goldratt: THE GOAL 1984　The North River Press

エリヤフ・ゴールドラット著 / 三本木亮訳『クリティカルチェーン』（ダイヤモンド社）

エリヤフ・ゴールドラット著 / 三本木亮訳 / 岸良裕司監訳『ザ・チョイス』（ダイヤモンド社）

岸良裕司著『マネジメント改革の工程表』（KADOKAWA）

岸良裕司著『三方良しの公共事業改革』（KADOKAWA）

岸良裕司著『全体最適の問題解決入門』（ダイヤモンド社）

岸良裕司著『よかれの思いが会社をダメにする』（ダイヤモンド社）

金井壽宏・岸良裕司著『過剰管理の処方箋』（かんき出版）

岸良裕司著『実学社長のマーケティング』（KADOKAWA）

金井壽宏著『働くみんなのモティベーション論』（NTT 出版）

（財）全国建設研修センター建設研修調査会『土木施工管理必携（1）施工管理編』

小原重信編著『P2M プロジェクト＆プログラムマネジメント標準ガイドブック』（PHP 研究所）

『プロジェクトマネジメント知識体系ガイド第３版（PMBOK ガイド）』PMI Standard

ロバート S. キャプラン・デビット P. ノートン著『バランス・スコアカード』（生産性出版）

『広辞苑第六版』（岩波出版）

時田昌著『岩波ことわざ辞典』（岩波書店）

エドワード・ヨードン著『デスマーチ』（日経 BP 社）

著者紹介

岸良 裕司（きしらゆうじ）

1959年生まれ。ゴールドラット・コンサルティング・ディレクター。日本TOC推進協議会理事。全体最適のマネジメントサイエンスであるTOC（Theory Of Constraint: 制約理論）をあらゆる産業界、行政改革で実践し、活動成果の1つとして発表された「三方良しの公共事業」はゴールドラット博士の絶賛を浴び、2007年4月に国策として正式に採用される。幅広い成果の数々は、国際的に高い評価を得て、活動の舞台を日本のみならず世界中に広げている。08年4月、ゴールドラット博士に請われて、ゴールドラット・コンサルティング・ディレクターに就任。博士の側近中の側近として、世界各国のゴールドラット博士のインプレメンテーションを、トップエキスパートとして、博士とともに行ないつつ、知識体系を進化させている。そのセミナーは、楽しく、わかりやすく、実践的との定評がある。著作活動も活発で、笑いながら学べ、しかも、ものごとの本質を深く見つめるユニークなスタイルで読者の共感をよび、ベストセラーを多数出版している。海外の評価も高く、さまざまな言語で、本が次々と出版されている。

国土交通大学　非常勤講師

名古屋工業大学　非常勤講師

京都府業務改革推進評価委員会

宮崎県総合計画審議会専門委員

【著書】

『全体最適の問題解決入門』（ダイヤモンド社）

『よかれの思い込みが会社をダメにする』（ダイヤモンド社）

『過剰管理の処方箋』（かんき出版）

『マネジメント改革の工程表』（KADOKAWA）

『三方良しの公共事業改革』（KADOKAWA）

『実学社長のマーケティング』（KADOKAWA）

『出張直前！一夜漬けのビジネス英会話」（KADOKAWA）

国際学会発表実績多数

最短で達成する
全体最適のプロジェクトマネジメント

（検印省略）

2011年2月25日　第1刷発行
2025年4月20日　第10刷発行

著　者　岸良　裕司（きしら　ゆうじ）
発行者　山下　直久

発　行　株式会社KADOKAWA
〒102-8177　東京都千代田区富士見2-13-3
電話 0570-002-301（ナビダイヤル）

●お問い合わせ
https://www.kadokawa.co.jp/（「お問い合わせ」へお進みください）
※内容によっては、お答えできない場合があります。
※サポートは日本国内のみとさせていただきます。
※Japanese text only

定価はカバーに表示してあります。

DTP／ムーブ　印刷・製本／加藤文明社

ISBN978-4-04-602699-6　C2034